문화유산 총서 시리즈 ❶

Dancing Farmer
Lee Yoonseok

춤추는 농사꾼

이윤석

글 방영선 · 무보 성지혜

문보재

춤추는 농사꾼을 발간하며

내일 신문을 오늘 사볼 수 있는 곳이 있었다. 바로 광화문 지하보도 교보문고 앞 가판대. 포스터를 붙이다 저녁때면 달려와 내일 신문을 샀다. 초야에 묻힌 명무(名舞)의 공연 기사가 큼지막하게 난 날이면 포스터를 놓아도 됐다. 교보문고에 들어가 때묻은 손을 닦고 책장을 넘겼다. 주인 눈치 안보고 맘대로 뽑아 읽고 포스터 뒷면에 문장을 옮겨 적기도 했다. 그 청춘이 다 지나고 나서야 주인장이 대산 신용호(1917~2003)임을 알게 되었다.

대산신용호기념사업회에서 10년 넘게 우리 재단을 통해 국가무형문화재를 지원해왔다. 어떤 분일까 싶어 평전 『맨손가락으로 생나무를 뚫고』를 펼쳤다. 병으로 초등학교 문턱을 넘지 못하고 동생의 교과서로 공부하는 장면부터 울컥했다. 천일독서(千日讀書)로 뜻을 세워 대륙을 누비는 열혈남아에 빠져들었고, 세계 최초로 교육보험을 만들어 교보타워를 올리는 입지전에 벅차올랐다. 그리고 직원들의 만류를 물리치고 금싸라기 같은 땅에 교보문고를 만들 때 오체투지로 엎드려 삼배하였다. 종로1번지, 우리시대 청춘의 광장은 그렇게 조성된 것이다.

선생의 불꽃같은 생을 요약하면 '책'이 될듯했다. 2019년 기금 수혜자였던 임인호 금속활자장에게 〈글자나무〉를 창작 의뢰했다. 1300도의 청동쇳물을 부어 선생의 지론 '사람은 책을 만들고 책은 사람을 만든다.' 열여섯 자를 가지

쇠에 열리게 했다. 그리고 2021년 인간문화재의 삶과 예술을 만나는 '문화유산 총서'의 첫 책을 만든다.

춤추는 농사꾼 이윤석, 떡 벌어진 골격에 '어디가든 시비 거는 놈 없는' 사람이다. 다만 겁나는 것은 '비워놓은 논두렁'이다. 벼는 주인 발자국 소리를 듣고 자라는데, 춤판에서 호출장이 오는 거다. 마당에서 탈을 쓰고 질풍노도로 뛰어들면 환호성이 터져 나온다. 탈을 벗고 무대에 나서면 (표지 사진에서처럼) 훤칠한 몸으로 솟았다 기운다. 써레질한 논의 수평 위에 돼지밭의 곡선이 나오는 거다. 당연지사 "얼씨구!" 추임새가 터진다. 그러나 커튼콜 할 여가가 없다. 과속딱지를 떼고라도 들판에 돌아가야 한다. 농사란 새벽별을 보고 나가 저녁별을 보고 돌아오는 일. 날마다 별의 노래를 듣기에 "농사 농(農)은 별[辰] 과 노래[曲]를 섞어 만들었다"고 했다. 그렇게 농사와 춤 사이를 시계추처럼 오가는 사람이 고성의 이윤석 명무이다.

인간문화재의 삶과 예술이니 저명한 전문가를 찾고 싶었다. 그러나 학술에 치우칠까 우려했고, 농사와 춤을 아우를 사람을 찾을 수도 없었다. 결국 삶과 농사는 글로, 춤은 무보로 채보하기로 하고 젊은 두 사람을 섭외했다. 두 사람 모두 공연과 춤 연구로 10년 넘게 이윤석 명무와 인연이 깊었는데, 대산 선생 덕분에 젊은 작가와 무용이론가로 첫 출발하게 되었다.

한 알의 나락이 죽어 쌀이 되는 데는 일 년 삼백육십오일, 단 하루도 빠짐 없이 꼬박 걸린다. 방영선씨는 농사꾼의 일 년 열두 달 이십사절기의 일거수일투족을 탁본하였다. 성지혜씨는 굿거리장단을 3분박 4박자, 총 열두 컷으로 나누어 치밀하게 채보하였다. 춤을 모르는 사람이 펼치더라도 흥중으로 뛰어들 만큼 생생하다.

또한 일찍부터 고성을 불원천리한 사진가 박상윤, 이진환, 이한구, 세 작가의 사진으로 삶과 춤이 적확하게 표현되었기에 감사드린다.

한국문화재재단 이사장 진 옥 섭

문화유산 총서 발간을 축하하며

고성오광대 인간문화재 이윤석의 삶을 기록한 '문화유산 총서'의 출간을 진심으로 축하한다. 책 출간을 위해 노력해주신 작가, 무용이론가, 사진작가 그리고 한국문화재재단에게도 감사 인사를 전한다.

살아계신 분의 삶을 책으로 쓴다는 것은 어렵고도 도전적인 일이다. 혹자는 성급하다 할 수도 있을 것 같다. 하지만, 동시대를 살아가는 '인간문화재'의 삶을 정리한 첫 책이라는 점에서 의미가 있겠다.

보편적으로 '인간문화재'는 전통을 지켜야 한다는 사명감 하나로 고단한 삶을 살아가는 사람이라는 생각이 든다. 그간의 대중매체와 우리 사회가 인간문화재를 그러한 시선으로만 조명해오지 않았나 싶다. 하지만, 대산신용호기념사업회는 지난 15년간 전통문화계승·발전사업을 진행하며 그분들 역시 우리 주변에서 흔히 볼 수 있는 소박한 이웃이자 가족이라는 것을 깨달았다. 또한 과거의 유물에 집착하거나 옛것에만 경도되어 박제된 삶을 고집하는 분들이 아니었다. 오히려 그 누구보다 새로운 것을 갈망하고 시도하는 사람이었다.

그렇기에 더욱더, 인간문화재가 아직 우리와 함께 호흡하고 있을 때, 그들의 삶을 온전히 기록하는 것이 필요하다고 생각했다. 후대의 왜곡된 평가와 위인전 형태의 미화된 기록이 아닌, 동시대를 살아가는 한 사람으로서 그들의 삶과 생각들, 고민과 바람을 정리하고 공감할 수 있는 계기를 만들겠다고 말이다. 오늘의 이 책이 시발점이 되어 무형문화유산을 이어가는 수많은 인간문화재에 친근감을 느끼고 그 가치를 가슴 깊이 깨닫는 기회가 되기를 바란다.

대산 신용호 선생은 '배우면서 일하고 일하면서 배워야 한다'고 강조했다. 대산 선생은 월출산을 오르며 정상에 오르는 것과 오르지 않는 것은 단지 몇 걸음 차이에 불과하지만 그 몇 걸음이 숲속의 나무와 바위만 볼 것인지, 산맥과 들판, 바다를 볼 것인지를 결정한다고 말했다. 이런 대산의 정신은 지금의 교보생명의 정신적 토대가 되었다.

인간문화재 이윤석 또한 고된 농사일 속에서 예술의 혼을 깨닫고 예술 속에서 농사일의 지혜를 배우지 않았을까 생각한다. 그가 묵묵히 내딛는 그 한 걸음이 고성오광대를 예술의 경지로 이끌었을 것이다.

어느 분야든 극한의 경지까지 자신을 다그쳐 일가를 이룬 사람들은 공통점이 있다. 그것은 바로 일(또는 삶)을 예술로 승화시켰다는 것이다. 지금도 우리 전통문화를 지키고 확산하기 위해 새로운 길을 찾고, 삶을 예술로 승화시키기 위해 노력하는 모든 분들에게 존경을 표한다.

책 속에, '변하지 않기 위해 변한다'는 인간문화재 이윤석의 말이 계속 뇌리에 남는다. 전통문화를 계승한다는 것은 우리가 걸어왔던 길을 마냥 뒤돌아보며 부여잡고 있는 것이 아니라, 누구도 가보지 않은 새로운 길을 만들어가는 것이다.

대산신용호기념사업회 또한 전통문화를 지켜내기 위해 노력하는 많은 분들에게 든든한 그루터기가 되도록 노력하겠다.

사단법인 대산신용호기념사업회 이사장 남 궁 훈

차례
Contents

명무(名舞)의 사계

봄 Spring

020　고성 바닥들
027　바닥들의 '해치'
034　세 명의 어머니
039　삼월 삼짇날
048　다짐의 땅

여름 Summer

062　인생 이모작
070　춤의 고을, 고성
080　일흔의 춤의 태
090　고성춤의 전설
098　변하지 않기 위해 변한다

농사꾼의 덧배기춤

184　**고성오광대의 기본무의 정립 배경**
193　**이윤석의 덧배기춤**

가을 Autume

112 농사꾼의 숙명
118 농사꾼의 기본기
124 농사꾼의 결단
134 철이 든 농사꾼
140 춤추는 농사꾼

겨울 Winter

150 탈을 벗은 춤의 명인
158 아메리카 오광대
168 오래된 둠벙
176 지족상락(知足常樂)

197 덧배기춤 무보 Sheet Dance

명무의 사계

글
방영선

봄

Spring

고성들에서
난 축제

제 2과장의 말뚝이와 양반들

고성오광대 기본무

고성
바닥들

참 오래돼 보이는 사내였다. 한여름같이 뜨거운 조명 아래 써레질해 놓은 논바닥을 걷듯, 큰 보폭으로 무대를 홀로 채우는 백발의 춤꾼은 고성의 농사꾼 이윤석이었다. 그는 일흔을 넘긴 나이지만, 여전히 무대 위 현역 춤꾼이다. 큰 신체로 거침없이 뻗어내던 젊은 날의 춤의 태가 툭 불거져 나오면, 객석에서는 화답하듯 박수갈채가 쏟아졌다. 그는 하얀 민복 단벌과 흙냄새 물씬 배인 춤사위 하나로 전국, 전 세계의 무대를 누볐다.

하지만 공연이 끝나면 화려했던 무대를 미련 없이 뒤로한 채, 행장을 꾸려 공연장을 빠져나온다. 큼지막한 겨울 '마이'에 낡은 갈색 가방 하나가 전부인, 영락없는 노신사였다. 그는 거침없던 무대 위와 달리 박자를 잃은 낡은 보폭으로 오늘도 서울남부터미널로 향했다.

이윤석은 다시 들로 돌아간다. 심야버스는 고성까지 4시간을 내리 달렸다. 첩첩산중으로 굽이치는 동진 고개를 넘나들며 공연장을 오가던 지난날이 떠올랐다. 언제고 그곳의 일이 먼저인 듯 춤판으로 훌쩍 떠났지만, 그는 늘 그 고 갯마루에서 머뭇거렸었다. 그리고 돌아올 곳이 있었기에, 그는 언제고 심야버스를 택했다.

심야버스가 고성 톨게이트에 들어서자, 어둠뿐인 창밖 너머로 고성의 너른 들과 우뚝 솟은 거류산의 전경이 눈에 선하게 그려졌다.

춤추는 농사꾼 이윤석은, 고성의 들로 돌아왔다.

북서(北西)로는 거류산과 너른 들이 펼쳐지고 동남(東南)으로는 푸르른 남해가 닿아있는 한반도 아랫녘 고성(固城). 고성은 1읍 13면 중 바다를 인접해서 생활하는 곳은 5개면 정도일 뿐, 나머지는 거류산, 백방산, 연화산이 품은 고성의 넓은 평야에서 농사를 생업으로 생활하고 있다. 고성사람들은 이 평야를 '바닥들'이라고 부른다. '바닥들'은 토질이 비옥하고 물 빠짐이 좋아 벼농사를 짓기 알맞은 땅이다. 고성사람들은 이 '바닥들'에 보리와 벼를 갈며 생활해 왔다. 고성의 '바닥들'인 마암면, 구만면, 개천면은 쌀 맛이 좋기로 유명해, 세 면의 길목이었던 고성군 회화면의 배둔장은 장날이면 마산, 창원, 통영, 부산에서 쌀 사러 오는 사람들로 발 디딜 틈 없이 붐볐다.

이맘때면 바닥들은 겨울 서릿발에 솟아오른 흙 사이로 보리싹들이 욱신댔다. 고성의 농사꾼들에게 입춘(立春) 보리밟기는 한해 농사의 시작점이요, 일년 농사의 첫 마중물이었다. 하지만 고성 들녘의 분주함은 이제 철 지난 농사꾼들의 고릿적 무용담이 되었다. 살림살이가 나아지면서 대부분 보리농사를 짓지 않자, 고성의 겨울 들녘은 젊은이들이 떠난 허전한 시골 마을처럼 텅 비어버렸다.

한때 고성 바닥들을 분주히 활보하던 젊은 이윤석은, 이제는 고성 바닥들

1960년대 고성오광대

'춤을 춘다'함은 연희자와 구경꾼과의 밀고 당기는 대화이다. 그러니 연희자의 몸짓은 곧 소통이다. 너른 마당에서 대화하는 것이니, 고성 춤은 '쩨쩨하게' 추어선 안 된다. 고성에서 춤은 '오래된 관례'이고, 고성오광대는 대화와 균형을 대대로 대물림했다.

을 지키는 늙은 파수꾼이 되었다. 그는 텅 빈 고성의 들녘을 지나 동네 가운데 야트막하게 솟아오른 동산으로 향했다. 여기에 올라서면 넓게 펼쳐진 고성의 바닥들부터 그 끄트머리에 아늑히 자리 잡은 고성군 마암면 도전리 명송마을이 한눈에 내려다 보였다.

이 동네 제일 풍경을 핑계 삼아, 가파른 오르막을 오르느라 굽은 허리를 잠시 펴본다. 해그림자가 칠순 농부의 얼굴 주름골을 따라 세월 속으로 파고들자, 그는 마을 어귀를 바라보며 이야기를 꺼냈다.

"내 어릴 적만 해도 정월 달 초삼일쯤 되믄
풍물패가 저 원날부락부터 주욱 이 들길을 따라서 마을로 들어왔거든."

어느새 그의 시선은 보리밟기가 시작되면 찾아오던 동네 메구패의 뒤를 따르고 있었다. 그가 떠올리는 '어린 시절'은 참 옛날이었다. TV라는 것은 본적도 없는 물건이고, 라디오도 마을에 잘사는 사람들이나 가지고 있는 고급전자기기였다. 보통이들의 집에는 벽에 유선 스피커를 달아 노래며 연속극을 송출하는 '스피카' 뿐이었다. 그러니 지루한 겨울 끝에 찾아온 동네 메구패의 악기 두들기는 소리가 얼마나 반갑던지. 겨우내 구들장에 들러붙었던 몸뚱이를 한껏 깨워 집 밖으로 뛰쳐나갈 수밖에 없었다.

메구패는 마암면 화산리 원날부락부터 들길을 따라 악기를 두들기며 마을로 들어섰다. 동네 입구에서 사람들을 불러모으는 마을굿을 벌이고 나면, 마을 사람들은 서로 앞다투어 자기 집 지신밟기를 요청했다. 메구패가 한집 두집 지날 때마다 모여들던 사람들은, 어느새 긴 행렬을 만들어 함께 이동하고 있었다. 어린 이윤석도 한겨울 추위도 잊은 채 메구패 행렬에 가세했다. 집집마다 마련한 음식을 함께 나누어 먹으며 한바탕 놀던 그 시절의 잔치, 어린 시절

제 2과장 양반과장

경남 고성 지방에 내려오는 가면극으로, 오방(伍方)을 상징하는 다섯 광대가 논다 하여 오광대(伍廣大)놀이라고 한다. 고성오광대는 춤사위가 특히 발달하였는데, 말뚝이가 등장하는 양반 과장은 고성춤의 백미이다.

하면 가장 먼저 떠오르는 그리운 풍경이다.

메구패 행렬이 뱀 꼬리 물 듯 동네를 한 바퀴 돌고 나면, 자연스럽게 마을의 큰 마당에서 판굿이 벌어졌다. 정월 지신밟기의 가장 큰 행사인 판굿은 풍물패의 기량을 마음껏 펼치는 피날레 무대이자, 고성들에서 태어난 잔치의 가장 맛난 눈대목과도 같은 순간이었다.

이윤석이 메구패의 상쇠인 허판세의 꽹과리 가락에 마음이 홀려 패의 뒤를 따라다닌 것도 그즈음이었다. 망구십(望九十)을 바라보는 동네 어르신은, 자기 흥에 취해 들판을 무대 삼아 뛰어다니던 어린 이윤석을 찬찬히 되짚었다.

"갸는 머스마가 뱅뱅이도 잘 돌리고,
쪼매날 때부터 메구패 따라 댕기면서 잘 하대.
핵교 댕겨오면 감나무에 딱 기 올라가서 맴맴맴 거려 싸면서
노래 부르고 혼자 잘 놀드라고."

이윤석이 뒤따르던 동네 메구패의 중심엔 상쇠 허판세를 비롯해 그와 한마을에 살던 고성오광대 회원들이 있었다. 고성오광대는 오방(伍方)을 상징하는 다섯 광대가 나와서 노는 경남 고성지방의 가면극이다. 일제강점과 전쟁을 지나며 놀이가 중단되기도 했지만, 해방 후 고성읍에 새로 지어진 '가야극장' 낙성식에서 다시 연희 되었다.

덕분에 고성오광대는 다른 탈춤에 비해 가장 일찍, 가장 원형에 가까운 모습으로 다시 전승되었다. 1960년대에 들어서면서 그들은 지금의 동고성 농협부터 당항포까지 이어지는 배둔장의 공회당에서 공연을 이어갔다. 공회당 무대 위 춤꾼들은 이윤석이 뒤따르던 허판세를 포함해 동네 메구패의 일원들이자 고성의 농사꾼들이었다.

허판세는 자기 흥에 못 이겨 들판을 뛰어다니던 이윤석의 흥을 일찌감치 알아봤다. 그는 초등학교 6학년이었던 이윤석에게 '끝버꾸' 맡겨 메구패를 따르게 했다. '끝버꾸'는 소고를 치며 메구패의 맨 뒤를 따르는 것이었다. 어린 이윤석은 소고춤에 능했던 배둔리 박홍도의 춤사위를 흉내 내며, 정식으로 메구패의 행렬에 합세했다. 중학교 2학년 때까지 메구패의 일원으로 패를 따르며 바닥들의 흥을 몸에 담았다.

농사는 '짓는다'고 말한다. '짓는다'는 것은 우리가 살아가는데 필요한 본바탕이 되는 것들에게 붙여지는 말이다. 농사꾼들은 땅에서 농사를 짓고, 그 알곡으로 밥을 지어 먹으며, 지푸라기를 엮어 만든 한 지붕 아래에서 자식 농사를 지어왔다. 그리고 고성 땅에 무리를 지어 함께 살며, 살아가는 고단함을 노래로 지어 함께 흥얼거렸다. 때문에 고성 들판의 누구든 서로에게 탈춤의 장단 정도는 쳐 줄 수 있는 흥을 가지고 있었다. 어린 이윤석이 고성 춤에 젖어 든 것은, 어쩌면 고성 땅에서 난 사람이라면 타고난 기질이 아니었을까.

고성 농사꾼들의 흥은 메구패의 장단이 시작되면 언제고 고성의 들길로 모여들었다. 질펀한 장단 소리와 그 장단에 섞여 노닐던 고성사람들의 삶 또한 그 길 위에 켜켜이 쌓였다. 들 길 위에서 흥청이던 어린 이윤석의 끼는, 발 디딜 곳만 있으면 일단 팔부터 펼치고 나서는 마당의 춤꾼을 만들어냈다.

바닥들의 '해치'

정월 지신밟기를 지내고 대동강도 풀린다는 경칩(驚蟄)이 다가오면, 고성군 하일면 맥전포항에서는 새벽 바다에서 잡아 온 봄 멸치 털기가 한창이다. 이때 잡히는 봄 멸치를 경상도에서는 '봄멸'이라 하는데, 기름이 올라 육질이 탄탄하면서도 입안에 넣으면 부드럽게 녹아내리는 맛이 일품이다. 노련한 어부들의 구령 소리에 맞추어, 그물에 박힌 봄 멸치가 은빛 자태로 공중에 튀어 오른다. 오선지에 걸린 음표처럼 고성 하늘에 점점이 찍히는 멸치 떼들은 고성의 봄을 이끌었다.

"우리나라 문화가 두들기는 문화 아닌가베.
만물이 깨나라고 두들기는 기지"

항구의 봄맞이는 바닥들로 이어졌다. 고성사람들의 '해치'가 시작된 것이다. '해치'는 봄이 오기 전 마을 사람들이 함께 모여 도랑이나 제방을 손본 후 한

'해치'의 힘

봄이 되면 고성사람들은 삼일 밤낮으로 놀이를 즐기며, 겨우내 웅크렸던 신명을 풀어냈다. 고성 바닥들의 해치를 통해 만물이 깨어남을 환영하고, 그 하나 된 어울림으로 우리도 함께 깨어난 것이다. 한바탕 푸지게 놀고 나면, 우리는 또 일 년을 살아갈 힘을 얻었다.

바탕 푸지게 노는 고성의 풍습이다. '해치'에 빠질 수 없는 것이 봄에 나는 햇멸치이다. 그물에서 갓 뽑아온 봄 멸치를 막걸리에 한 번 빨아 감칠맛을 더한 뒤, 막 캐온 돌미나리와 함께 버무려 탁배기 한 사발을 곁들이면 봄의 기운을 한 입 가득 머금을 수 있다. 그뿐인가, 당동 앞바다에서 잡아 온 봄 도다리에 향이 진한 봄 쑥을 넣어 끓여내면 일 년 농사 시작하기 전 최고의 보양식이 된다. 보양식도 먹었으니 흥을 타고난 농사꾼들은 자연스레 악기부터 둘러멨다. 장단으로 함께 어울리다 보면 이웃 간 서운했던 앙금도 눈 녹듯 사그라들었다. 고성의 농사꾼들은 이 놀이 한판이면 올 한 해도 살아갈 힘을 얻었다. 바닥들의 해치 문화가 고성 흥의 원천인 것이다.

고성의 해치 문화는 누가 대접하는 것이 아니다. 멸치를 뽑고 돌미나리를 캐오는 수고를 마다하고, 마을 사람들이 함께 나누기 위해 자발적으로 참여한다. 이윤석이 기억하는 옛 마을 잔치는 늘 그러했다.

"옛날에는 초상집에 갈 때도 기냥 가는 사람이 아무도 읍다.
전부 본인이 맡은 역할들이 있는 기다.
그 마음이 모여 하나의 큰 기운을 형성하는 기지."

그 시절, 초상이 나면 사람들은 모두 일손을 놓고 달려왔다. 옛 법도에 훤했던 마을 어른은 어리숙한 상주를 이끌었고, 동네마다 염(殮)을 전담으로 하는 사람, 상여 요량을 잡는 목청이 좋은 사람이 한 명씩은 있었다. 바느질 솜씨가 좋은 할매들은 삼베로 상복을 만들고, 할배들은 상주가 신을 짚신을 꼬았다. 재주가 없는 남정네들은 상여를 메고, 그들의 아낙들은 종일 불 앞에 앉아 음식을 해 나르며 어린 것들의 주린 배를 챙겼다. 오랜만에 기름진 걸로 한배를 채운 어린 것들은 온 동네를 뛰놀며 잔치의 흥을 띄우는 것으로 자신의 역할

제 5과장 중 상여놀이

고성오광대를 갈무리하는 중요한 장면이다. '죽음'을 빌미로 '삶'의 잔치를 벌이는 것이다. 이 축제의 몸짓은 미국이나 유럽, 어디든 통한다. 상여는 번거로운 중장비이지만 '축제'를 여는 육중한 축포가 된다.

을 다했다. 초상이 난 아침, 발이 빠르고 지리에 훤한 젊은이들은 가까이는 고성 마을부터 멀리는 부산, 마산까지 7~8명이 지역을 나누어 직접 부고(訃告)를 전하러 길을 떠났다. 부고를 받은 사람들은 아침부터 몇십 리나 되는 길을 종일 걸어와 자신이 할 수 있는 일을 찾았다.

그 시절 상갓집에는 애도를 표하는 '애감록'과 부조금을 적는 '부의록'이 따로 마련되었다. 형편이 좋은 사람들은 '애감록'과 '부의록' 모두에 이름을 남겼지만, 형편이 어려운 사람들은 '애감록'만 이름을 남겼다. 지폐 몇 장은 없을지언정 마음에 소홀함은 없었기에, 그들은 상여가 나가는 날까지 초상집을 지키며 떠난 이를 배웅했다. 이 수고스러움은 누가 시킨 것이 아니었다. 같은 땅에 태어나 평생을 이웃하며 살아온 동지를 애도하는, 그 시절 우리만의 방식이었다.

"요즘은 어데 그런 게 있나. 부고도 핸드폰으로 날라오고,
'마음을 전하는 곳'이라고 계좌번호까지 친절하게 찍어서 보내온다.
이젠 상주한테 얼굴도장을 찍고 봉투만 주고 오는 것이
'예의'가 된 세상이란 말이다."

초상집에 가서 삼일 밤을 새우며 수고를 했으니, 제삿밥을 얻어먹는 것은 어쩌면 당연한 것일지도 모른다. 아무개네 제삿날이 되면 온 동네 사람들도 제삿밥을 기다리며 함께 밤잠을 쫓고 있었다. 첫 시(子時)에 제사를 지내고 나면 함지박에 제삿밥을 담아, 50호(戶)가 넘는 마을을 돌며 함께 나누기 시작한다. 고성말로 '젯밥을 갈라 묵는 것이다.' 목이 빠지게 젯밥을 기다리던 사람들은 그 자리에서 음식을 깨끗이 다 비워내며 예의를 다했다. 이 무박 2일의 제사가 일 년이면 다달이 들 듯했으니, 매달이 잔치의 연속이었다.

제사가 간소해 지고 마을을 떠나는 사람들이 많아지면서, 한밤중에 제삿밥을 나누던 풍습은 사라졌다. 대신 일 년에 한 번씩 집안 제사를 지낸 음식으

로 마을 사람들에게 점심식사를 대접한다. 번잡했던 절차는 사라졌지만, 함께 나누려는 마음은 남은 것이다. 이마저도 이윤석 부부가 있었기에 가능한 일이었다. 동네 사람들이 돌아가며 나눌 수 있도록 순서를 정해주고, 혼자 있는 노인들을 대신해서 음식 준비까지 도맡아서 할 정도로 유난스럽게 옛 풍습을 지켜오고 있다.

고성사람들에겐 일생을 살며 거치는 길흉사가 개인사(個人事)인 동시에 공동사(共同史)였다. 상여를 배웅하며 꼬불쳐놨던 쌈짓돈까지 노잣돈으로 내어놓던 고성사람들. 어려운 삶의 끝에는 꽃가마를 타며 갈 수 있으리란, 살아있는 자신들에게 보내는 희망과 위로였을 것이다. 죽음조차 축제로 풀어내는 고성사람들의 삶은, 고성오광대의 마지막 '제밀주 과장'으로 이어졌다. 마당에 모인 사람들은 큰어미의 상여에 지폐를 꽂으며, 이 마당에 흥을 배웅했다. 그리고 다시 태어날 다음 판을 기대했다. 덕분에 간소했던 상여 과장은 점점 그 규모가 커져, 이제는 어디에서 공연을 하든 고성오광대의 대미를 장식하고 있다.

"오광대가 요즘 작가들이 짠 것 맹키로
감동의 물결을 주는 공연은 아니거든. 근데 우리는 신명이 있잖아.
그것을 공연자 말고 관객도 올라오게 해야지.
우리가 형편상 무대에 서지만 '함께 한다'는 마당 판의 정신은
계승해야 안 하나.
상여는 대동 놀이인 택이지. 티켓만 내고 구경만 하는기 아니라
무대에 올라와 서로 신명을 나누는 기지.
공연이지만 잔치, 요새 말로 '축제'가 맹글어져야 한다."

그는 어디에서든 진정으로 옛 '잔치'를 그리워하고 있었다. 어쩌면 그가 어릴 적 목도 한 그 모습은 이미 퇴로에 접어들고 있었는지 모른다. 그 '잔치'가

사라졌기에 억지로 돈 들여 인위적 '축제'를 내거는 것이다. 잔치를 회복하는 것이 축제이고 이 축제를 지키는 것이 고향에 남은 자의 몫이요, 고향의 이름을 건 고성오광대를 계승하는 자들의 임무라는 것이다. 그래서일까 고성사람들의 죽음을 애도하던 상여는 이제 삶을 위로하는 상여가 되었고, 고성오광대와 함께 이 땅을 넘어 세계로 나아가 축제를 마중하는 것이다.

"농사는 짓는다. 그럼 잔치는 벌인다 안 카나?
'벌인다'가 중요한 기다.
말 그대로 버려야 벌일 수 있는 기다.
니도, 내도, 지위도, 상하도 다 버려야 한다.
놀이판은 평등한 기다. 그래야 잔치가 되는 기지.
이게 '축제' 아니겠나?"

세 명의
어머니

해치로 푸지게 놀았으니, 하루하루 빨라지는 아침 해에 등 떠밀려 부지런 떨어야 하는 시기이다. 이윤석은 아침부터 낡은 자전거에 삽 한 자루를 꽂고 대문을 나섰다. 넓은 들은 봄갈이로 흙밥이 뽀얗게 갈이 든 논배미마다 물을 대기 시작했다. 네모반듯한 논배미에 두둑까지 물이 찰랑거리는 모습이 마친 바다의 염전을 옮겨놓은 듯했다. 이윤석은 들을 한 바퀴 돌며 밤새 물꼬가 터진 곳은 없는지부터 확인한다. 몇십 년을 반복했는지 모를 이 일을 할 때면, 이 나이 먹도록 현역으로 농사를 짓고 있다는 것이 새삼 감사해진다.

아침 해가 물든 논 위에는 철 지난 농사꾼 이윤석의 옆으로, 한가히 어미의 등에 업혀 가는 어린 이윤석의 모습이 어른거렸다.

'저것이 사람 되겠는가.'

그는 손이 귀한 이씨 집안의 장남으로 태어났다. 얼마나 귀했던지, 아들 하나에 다섯 부모가 반겨주는 탄생이었다. 사실 그는 어머니 뱃속에서부터 아들이 없는 큰아버지 집에 양자로 보내질 운명이었다. 양아버지는 아들을 얻기 위해 둘째 부인까지 들였지만 슬하에는 큰 부인과 둘째 부인에게서 얻은 두 딸뿐이었고, 결국 동생의 아들을 양자로 들일 수밖에 없었다. 그러니 귀한 아들을 얻은 어미에게는 '사람 되겠는가' 하는 동네 사람들의 핀잔마저 아들 둔 칭찬의 소리로 들렸다.

그는 출생의 비밀 덕분에 다섯 부모의 사랑이 충만한 유년기를 지나고 있었다. 어머니가 셋이니 이 어머니의 등에서 저 어머니의 등을 옮겨 다니며 땅 밟을 일이 없었다. 가장 바쁘다는 모내기 시절, 사등이뼈 굽도록 모를 심을 때도 아들은 어미의 등에 업혀 내려올 줄 몰랐다. 여름날 배둔장 가는 길엔 걷기가 귀찮고 꾀가 나면 그 자리에 털썩 주저앉아 버리기 일쑤였고, 어미는 응당 아홉 살 먹은 다 큰 사내아이에게 낡고 여린 등을 내어주었다. 과분한 부모들의 사랑은 언제나 통하는 최고의 무기였다.

하지만 집안은 늘 살얼음판이었다. 친부모와 양부모 모두 한 지붕 아래에서 살다 보니, 귀한 아들 이윤석의 선택은 늘 싸움의 시초가 되었다. 경쟁과도 같은 사랑 때문에 집 안 싸움은 끊이지 않았고, 결국 누구 하나가 보따리를 싸야만 그 싸움은 끝이 났다.

특히나 친어머니로 알았던 둘째 양어머니의 사랑이 유별났다. 둘째 양어머니는 강신을 받아 '갈래댁'이라는 택호로 다른 집의 안택(安宅)을 빌어주는 일을 했다. 고성에서 이름깨나 날렸던 어머니 덕분에 정월 초삼일부터 보름 너머까지 신수점을 보려는 사람들로 집 앞은 늘 문전성시였다.

갈래댁 어머니가 큰일을 보러 멀리 가면 마중을 나가는 것은 언제나 귀한

양어머니 갈래댁(오른쪽 두 번째)과 젊은 이윤석

갈래댁 어머니는 고성 바닥서 남의 사주팔자에 훈수 두며 살았어도, 품 안의 자식 마음 달래는 것이 가장 어려웠다. 집을 겉도는 자식의 기행이 모두 부모의 탓이라 여겨, 평생을 며느리에게 아들 둔 죄인으로 살며 뒤로 눈물 훔쳐냈다.

아들 이윤석의 몫이었다. 마중 나올 아들 걱정에 서둘러 돌아오던 어머니와 중간에 만나기라도 하면, 그는 어머니 손에 들려 있는 보따리부터 확인하기 바빴다. 보따리 안에는 아들을 위해 챙겨온 온 과자며 떡이 한가득하였고, 운이 좋으면 시골에서 맛보지 못하는 귀한 과일들이 나오기도 했다. 어머니는 그 보따리를 핑계 삼아 귀한 아들을 독차지할 수 있는 유일한 시간을 얻은 것이다.

하지만 부모 사랑이 과분했던 아들은 비가 오고 추운 날엔 베짱이 기질이 올라왔다. 구들장에 누워 늦잠을 부리다 보면, 어느새 어머니가 집에 도착해 '와 여태 집에 있었냐'며 서운한 말만 던져 놓고 방으로 들어가 버렸다. 어머니는 다 큰 아들을 업고 걷던 여름 볕 아래 불길보다, 오지 않는 아들을 기다리며 걷는 칠흑 같은 밤길이 더 지옥 길처럼 느껴졌을 것이다.

열 살이 넘으면서 출생의 비밀을 알게 되었다. 친부모들은 없는 살림에도 성심이 깊고 점잖으신 분들이었다. 하지만 작은아버지 내외로 지내온 분들이 생부, 생모라는 사실은 어린 마음에 받아들이기 힘들었다. 특히나 출생의 비밀을 알아버린 순간부터 그에겐 단 한 번도 쉬운 '선택'이란 없었다. 그의 '선택'이 어느 한쪽의 부모에게는 상처와 패배로 돌아간다는 것을 알기에, 양부모와 친부모 사이의 갈등은 매번 그를 시험에 들게 했다.

"마음이 참 우습더라."

가슴에 돌맹이처럼 박힌 마음을 짧은 회한의 한마디로 내뱉어 버리는 그의 덤덤함에 그간의 속앓이가 모두 응축되어 있었다. 하지만 출생의 비밀이 밝혀졌다고 해서 달라지는 것은 없었다. 열 달을 품어 배 아파 낳은 아들에게 작은어머니로 불리는 친어미가 할 수 있는 것이라곤 몰래 부뚜막에서 먹을 것을 챙겨주는 정도였고, 가난한 농부인 친아버지가 아들에게 해줄 수 있는 건 농사를 가르치는 것뿐이었다.

　커서 결혼을 하고 부모가 되어 자식을 기르다 보니, 친부모에 대한 미안함에 못 이기는 술을 마시며 남몰래 눈물을 훔쳐야 했다.

"친부모님들이 양부모님과 함께 살면서
자기 자식에게 마음 편히 아들이라고 부르지 못하고
조카로 대했던 마음이 어땠겠나."

　다섯 부모와 추억이 깃든 들길을 걷다 보니, 사랑에 배가 불러 철없었던 그 세월의 후회가 무섭게 쫓아왔다. 그는 고성들의 반듯한 직선을 따라 걸으며 이 땅에서 태어난 것들에 대해 떠올린다. 겨울의 들녘은 텅 비어 보이지만, 사실 이 땅에 빈 터는 없음을 농사꾼은 알고 있다. 봄이 되면 이 텅 빈 들에서 또 어떤 것들이 땅을 깨치고 나올지, 한껏 기대해보는 농사꾼이다.

삼월
삼진날

논을 한 바퀴 돌고 나면 이윤석의 발길은 언제고 마을 어귀에 있는 선산으로 향했다. 원래 작은 산을 개간하여 밭으로 쓰던 땅이었는데, 이제는 밭은 아래에 작게 남겨두고 아들의 집이 바로 내려다보이는 위쪽으로는 다섯 부모의 산소를 썼다. 살아서 공평하게 주지 못한 사랑은 땅으로 돌아가서야 비로소 공평해진 것이다. 부모로부터 물려받은 밭 위에 터를 닦아 단 한 명의 서운함도 없이 모시는 것이, 평생 받아온 사랑의 보답이라도 생각했다.

그는 묘비석 사이를 비집고 난 잡초를 무심하게 뽑아 멀찍이 던지고는 집을 바라본다. 아마도 이 자리에서 매일 자신을 바라보고 있을 부모들의 시선인 듯하여, 행여나 집 근처에 눈에 걸리는 걱정스러운 것은 없는지 한 번 더 찬찬히 둘러보게 된다.

양부모과 친부모의 오랜 갈등 사이에서 괴로워하던 이윤석은 머리가 크자 밖으로 나갈 생각부터 했다. 처음은 마산이었다. 꼬막 배를 7개월 정도 타며 모은 돈으로 갈래댁 어머니 환갑잔치를 열어드리며 금의환향했다. 하지만 고성 생활은 금세 숨이 막혀왔다. 결국 열여덟의 나이에 서울로 상경하게 된다. 종잣돈도 없이 올라와 금호동 산꼭대기에서 살면서 고물장사도 해보고, 성북동 미아리 고개 산동네 나전칠기 공장에 취직하며 서울생활에 적응해 가고 있었다.

1969년, 칠순을 넘긴 양아버지는 중풍으로 4년간의 와병 생활을 이어가고 있었다. 수족을 못 쓰시긴 해도 정신은 똑바로여서, 늘 며느리를 보고 죽는 게 소원이라는 말을 입버릇처럼 달고 살았다. 아버지의 목숨을 담보로 한 소원에, 고성에서는 그의 결혼을 서두르기 시작했다. 결국 이제 막 스무 살이 된 이윤석은 서울 상경 2년 만에 다시 고성 땅을 밟게 된다.

어느 날 동네에서 친하게 지내던 허수중이라는 분이 빵을 사준다며 읍내로 가자고 찾아왔다. 읍내에 있는 '미미당'이나 '고려당'에 가겠거니 하고 따라나섰는데, 빵을 다 먹고 나니 용산(고성군 거류면)에 볼일이 있다며 함께 가자고 무작정 택시에 태우는 것이 아닌가. 어느 댁 앞에 도착하니, 할매들이며 집안사람들이 이미 얼추 모여 이윤석을 이리저리 뜯어보며 쑥덕쑥덕 대기 시작했다. 손님이라고 대접한 고구마 빼때기 죽을 넙죽 받아먹으면서도, 그 자리가 처가댁에 선보러 가는 자리일 거라고는 꿈에도 생각하지 못했다. 알고 보니 갈래댁 어머니와 이제는 처제종간이 된 허수중이 작정하고 만든 자리였다.

결국 그는 영문도 모른 채 예비 처가댁 문지방을 넘었지만, 정작 신부의 얼굴조차 볼 수 없었다. 신부는 남편감이 온다는 소식에 자리를 피해 아침부터 사방사업(砂防事業) 무리를 따라나섰기 때문이다. 이윤석보다 두 살 위인 예비 신부 또한 결혼 생각이 없기는 마찬가지였다. 하지만 신부쪽 집안 어른들의 생각은 다른 듯했다.

"신랑감이라고 대문간 딱 들어서는데
그때 아들(애들) 같지 않게 등치도 크고, 얼굴도 뽀얗고 번듯한게
참, 좋드라고."

양가 집안의 허락이 떨어지자, 혼사는 일사천리였다. 아직 결혼 생각이 없었던 이윤석은 이 결혼을 막기 위해 부산으로 도피를 감행한다. 집안 조카뻘 되는 이가 부산에서 염료공장을 하고 있어 그곳에서 일을 시작했다. 방직공장에 들어갈 염료를 가공하는 곳이라, 냄새도 독하고 오래 일한 곳은 못 되었다. 그렇게 서너 달 지났을 무렵, 소식을 들은 갈래댁 어머니가 찾아왔다. 하나밖에 없는 아들의 결혼이 아버지 생전의 마지막 소원이라는 어머니의 눈물 섞인 호소에, 마음의 부채처럼 쌓인 부모들의 사랑이 그의 발목을 잡았다.

결국 몇 달 간의 도피 생활은 끝이 났다. 친구들에게 "일단 엑서사이즈(exercise, 연습) 삼아 결혼하는 것이다."라며 허풍을 부렸지만, 결혼은 이미 되돌릴 수 없는 사실이 되어갔다.

그 시각, 처가댁에서도 신부를 설득하느라 애가 탔다. 신부는 고성군 용산 딸부잣집의 얼굴도 안 보고 데려간다는 셋째 딸이었다. 출가하는 형제 없이 할매부터 올케언니들까지 소복이 한집에서 사는 대식구여서, 딸이었지만 손에 물 한번 안 묻혀보고 귀하게 자랐다. 오빠, 언니들이 차례대로 결혼하고 이제 본인의 순서가 돌아왔지만, 신부 조용순은 도통 마음이 잡히질 않았다.

음력 삼월 삼짇날, 콩 볶듯 서두른 결혼은 신부의 집에서 구식결혼식으로 치러졌다. 결혼식날이 신랑, 신부의 첫 대면이었다. 그날의 어색함과 불편함은 부부의 침실에 걸린 흑백의 결혼식 사진에 고스란히 담겨있었다. 사진 속 신랑, 신부는 이 결혼에 대한 불만이 가득한 얼굴로 서로 비스듬히 등을 돌린 채 부부의 첫 역사를 기록하고 말았다. 아내는 결혼사진을 보며 때 지난 아쉬운 소리로 멋쩍게 웃어 보였다.

칠순의 반주께미

노부부는 봄나물 하나도 그냥 지나치지 못했다. 친구가 좋고 춤이 좋아 늘 밖으로 맴돌던 젊은 날이 아쉬워, 부부는 칠순을 훌쩍 넘기고 반주께미(소꿉놀이)하듯 신혼 재미에 빠져본다.

"이렇게 잘 살 줄 알았으면 그날 웃기라도 해보는 건데."

'와, 각시 온다고 구경 온 사람들이 여태 집에를 안 가고 여 있나?'
 신행을 오고 며칠이 지나도록 집안은 여전히 사람들로 북적였다. 속으로만 이상하다 생각하던 새신부는 며칠이 더 지나고야 그 사람들이 다 이 집 식구들이라는 것을 알게 되었다.
 날벼락이 따로 없었다. 신랑 얼굴도 모른 채 시집을 와 보니, 모셔야 할 시부모만 다섯에 시동생, 조카들까지 군식구가 또 한 짐이었다. 시집오도록 밥 한번 제 손으로 안 해본 신부는 매끼 다섯 부석개(부뚜막)에 불을 때서 시부모들의 밥상을 차려내야 했다. 불을 하도 때다 보니 땔감은 늘 부족했다. 집 뒷산도 모자라 산을 두 개나 넘어 10kg나 되는 땔감을 짊어지고 다니며 시부모를 봉양했다. "그때 신랑은 뭘 했는고?" 느지막이 일어나 친구들과 몰려다니며 새벽이 깊어야 집으로 돌아왔다.

동네 사람들	조여사(아내)가 참, 욕봤다. 할매가 서이고, 할배가 둘이고. 아침 되면 부석개 재를 몇 군데를 치우노? 신랑이 안 치워주드나?
조용순	어데, 하나 안 쳤다. 아침부터 다른 것은 일 읍다. 자기 행장 차리고 나갈 준비하기 바쁘지. 그러고는 풀 먹이느라 애먹은 시아부지 모시 적삼 뻬입고 나가 친구랑 삼천포 바닷가로 놀러 가서 외박하고 들어오더라. 한 달에 온전히 집에서 잔적이 열흘도 안 될 기다.

 귀한 아들을 두고 벌이던 어머니들의 신경전은 귀한 며느리에게로 옮겨갔다. 이윤석이 홀로 짊어지던 사랑은 나누어지지 않고 오히려 아내의 몫이 더해

진 것이다. 아들 사랑이 깊던 갈래댁 어머니의 며느리 사랑은 더 유별났다. 배둔리에 장날이 서는 4일, 9일이 되면 여름 볕에 업고 가던 아들을 대신해 며느리와 손자를 옆에 꼭 끼고 집을 나섰다.

지금이야 집에서 장이 서는 배둔리까지 3km 남짓이지만, 당시만 해도 소달구지나 리어카를 끌고 민둥산 고개를 넘어야 했다. 그나마 배둔은 가까운 축이었고 2일, 7일에 서는 고성장은 하루해였다. 손이 귀한 집안에서 내리 아들 셋을 낳아준 며느리가 오죽 예쁘면 그럴까 싶어, 며느리는 늘 군소리 없이 따라나설 수밖에 없었다.

삼월 삼짇날은 부부의 첫 시작인 결혼기념일이기도 하지만, 고성오광대의 1년 첫 시작을 알리는 선사 제례날이다.

"결혼기념일인데, 우리 조여사는 제사상 챙기는 거지.
여태 평생 시집온 날이면 남편 꼬드겨 데꼬간 오광대 웬수들한테
상 차리고 있는 거다. 그것 참."

사모관대를 쓰고 결혼식을 올리던 철없는 청년은 이제 유건을 쓰고 제례를 관장하고 있다. 덕분에 아내는 매년 결혼기념일도 미뤄둔 채, 고성장에 들러 장 보는 것부터 모든 제례 준비를 도맡아 왔다. 일 년 중 가장 번잡스러운 하루 끝, 늦은 저녁 한 끼로 결혼을 기념하는 것이 평생을 두고 미안한 일이 되었다.

'쟈가 언제 철이 들겠노.'

다섯 부모의 산소 곁에 심어진 소나무 아래 앉아 잠시 가쁜 숨을 고른다.

봄바람에 장중히 흔들리는 소나무 소리가 늘 아들을 보며 애태우던 어머니의 목소리처럼 들려왔다. 옛 부모들은 청명(淸明)이 되면 자식의 '내 나무'를 심었다. 딸을 낳으면 밭에 오동나무를 심어 시집갈 때 농을 만들어 주고, 아들을 낳으면 선산에 소나무를 심어 나중에 관으로 만들었다. 늘 자식 걱정뿐인 부모들의 기대와 염려를 먹고 자란 나무는, 부모 품을 떠나는 자식들의 곁을 지키는 것으로 소명을 다하는 것이다. 이윤석은 '부모가 만들어 준 그늘이 이렇게 넓고 포근했는데, 왜 자꾸 도망치려 했을까' 지난날의 방황에 쓴웃음이 지어졌다.

어쩌면 늘 가족과 고성오광대에 양보하며 그의 곁을 지켜준 아내야말로 다섯 부모들이 남겨놓은 그의 '내 나무'는 아니었을까. 그 덕에 그 또한 쟁쟁했던 스승들이 잘 심어놓은 고성오광대의 든든한 버팀목이 되어, 후배들의 너른 그늘이 되어주고 있다.

음력 삼월 삼짇날, 화혼례

'윤석이 색시 참 곱다' 서로 얼굴도 못 본채 결혼했지만, 신부의 미모는 동네에 소문이 자자했다. 시집오고 한동안은 새신부가 우물에 나가면 사람들이 몰려나와 구경하곤 했다. 덕분에 '연습 삼아 결혼한다'는 말은 허풍이 되어버렸다.

음력 삼월 삼짇날, 선사 제례

대부분이 농사꾼인 고성오광대에게 땅이 열리고 농사가 시작되는 삼월 삼짇날은 의미 있는 날이다. 이윤석은 매년 바뀌던 선사 제례 날을 이날로 통일하고, 고성오광대의 새로운 한 해의 시작점으로 삼았다.

다짐의
땅

"춘삼월 호시절, 지금이 딱 그땐기라. 옛날 같으면 봄보리 갈고,
소 끌고 나와서 논 갈러 댕기느라 정신없을 때제."

봄볕에 땅이 녹으면, 농사꾼은 올해 농사에 대한 기대만큼 쟁기날을 땅에 세게 박았다. 농기계가 변변치 않던 시절, 농사꾼의 첫 삽질은 겨우내 알뜰히 챙겨 먹인 누렁소의 뒷발질에 달려 있었다. 오랜만에 주인과 합을 맞추는 누렁소는 한껏 당겨진 코뚜레 사이로 뜨거운 숨을 씩씩 몰아쉬며 세차게 땅을 차고 나아갔다. 이제 고성의 들녘은 유연한 쟁기날의 결을 따라 갈라지며 청춘(靑春)을 맞이하고 있었다.

스물넷, 조혼(早婚)으로 이미 애가 둘이나 딸린 이윤석은 청춘(靑春)을 잃어버린 한풀이를 하듯 기행을 이어갔다. 그리고 봄과 꽃샘추위를 오가는 그의 마음에 입영통지는 비수처럼 날아들었다.

"윤시(윤석이), 군대 간대요!"

이윤석과 친구들은 리어카에 소주 댓 병을 싣고 온 동네를 누비며 앰프에 대고 고래고래 군 입대 소식을 알렸다. 그의 군 입대 소식에 고성은 이미 눈물바다가 되었다. 고성 바닥을 누비던 동지를 잃은 슬픔이었는지, 철없는 기행의 끝을 축하하는 것인지는 알 수 없었지만 말이다.

고성사람들의 성대한 송별회를 뒤로하고 이윤석은 스물넷에 다섯 부모와 아내 그리고 두 아들을 남겨놓은 채 늦은 군 입대를 하게 된다. 부대는 경남 고성 땅에서 가장 먼 38선 철책을 지키는 최전방이었다.

대남방송에 귀가 멀 것 같았고, 지하 벙커로 통하는 길은 늘 뒷골이 서늘했다. '여기에서 근무하던 일개 부대가 목이 하나도 없이 다 날아갔다.'는 선임들의 허풍 섞인 괴담은 한동안은 신병들의 군기를 바짝 올려놓았다. 하지만 그 약발은 길어야 한 달이었다. 배정된 구역 안에서만 왔다 갔다 하며 경계근무를 서다 보니, 가장 무서운 것은 적도 귀신도 아닌 쏟아지는 잠이었다. 추위가 얼마나 대단했는지 졸음을 못 견디고 철책에 기대 잠시 눈을 붙이다 보면, 콧물이 흘러 입술이 철책에 딱 붙어버렸다. 그러다 불시에 순찰을 나온 소대장이 졸고 있는 병사의 철모를 탁! 내려치면, 얼어붙은 살갗도 같이 떨어져 나가 버렸다.

"제가 실은 스물아홉 살인데, 호적이 잘못돼서 늦게 들어왔습니다. 지금은 일찍 결혼해서 고성에 아내와 애가 둘입니다."

이윤석은 자대배치를 받고 자기소개 하는 자리에서 무슨 생각이었는지 겁도 없이 거짓말을 '살짝' 보태었다. 그 '살짝' 덕분에 스물일곱 살인 소대장은 그를 깍듯이 대했다. 이후로는 늦은 나이에 군대 와서 고생한다는 이미지가 생겨 부대에서 '영감'으로 불리게 되었다.

편한 생활은 그리 오래가지 못했다. 최전방은 6개월에 한 번씩 부대가 이동하기 때문에, 3개월이 지났을 무렵 강원도 화천으로 근무지가 이동했다. 이윤석은 부대에서 조금 떨어진 산 위에 있는 막사로 파견되었다. 막사에는 물이 없어 밥 당번이 큰 밥통을 짊어지고 산 아래 부대까지 오르락내리락해야 끼니를 해결할 수 있었다. 처음으로 군대가 힘들다고 느껴지는 순간이었다. 그때, 운명처럼 고성군 진전면이 고향인 선임을 만나게 된다. 동향이라는 이유로 가깝게 지내던 어느 날, 그가 이윤석을 호출했다.

선　임　사회에 있을 때 운동 좀 해봤나?
이윤석　예, 선수는 아니더라도 운동은 좀 해봤습니다.
선　임　그럼 씨름은 좀 해봤나?
이윤석　예. 중학교 때 씨름 좀 한다고 했었습니다.

운동 하나는 자신 있었다. 덕분에 사단 창설 기념행사 체육대회에 연대 대표 씨름 선수로 발탁되었다. 예비선수였지만 두 달 정도 외부에서 합숙 생활할 기회가 주어졌다. 점호며 근무도 없이, 아침밥을 먹은 후 샅바를 챙겨 강가 모래사장에 가서 연습하는 것이 하루 일과였다. 하루하루가 꿈 같아서였는지, 두 달은 하룻밤 꿈처럼 순식간에 지나갔다. 다시 자대로 돌아갈 생각에 축 늘어져 있던 그때, 운명은 그를 또 다른 길로 안내했다. 생각지도 않게 수색 중대로 차출된 것이다.

곧바로 중대본부 본부소대에 배치를 받아 철책선 넘어 2km 비무장지대 안에서 근무하게 된다. 말 그대로 최전방인 곳에서 무명(無名)의 '민정경찰' 명찰을 단 채, 실탄과 수류탄 두발이 주어졌다. 수색 대원들은 항시 실탄을 장전하고 있기 때문에, 계급도 없고 병사 간 사이도 좋을뿐더러, 특식에 생명수당까지 나왔다. 위험지역이었지만 군 생활은 이보다 편할 순 없었다.

이윤석이 군 입대를 할 당시, 주변에서는 '저게 못 버틴다, 달려 나올 것이다.'라며 한소리씩 거들면서도 은근히 반기는 눈치였다. 이제야 철이 들까 싶은 기대감 때문이었다. 사실 누구보다도 군대가 인생을 바꿔놓기를 바란 사람은 이윤석이었다. 어린 시절 양부모와 친부모의 싸움 속에서, 그는 자신이 너무 불행하다고 생각해왔다. 그때 다짐했다. '나는 가정을 가지면 절대 싸우지 말고 살아야겠다.' 살면서 겪어 보지 못한 북쪽의 추위와 서슬 퍼런 철책 앞에서, 그는 두고 온 남녘 땅을 돌아보며 마음먹었다.

'지금까지 노는 것만 좋아하고 게으르게 살아왔으니, 고성에 돌아가서는 내 식구부터 챙겨야 한다.'

비로소 그는 마음에 '내 식구'를 품었다.

제대 후, 그의 다짐은 하나씩 실현되었다. 일단 아내를 대하는 말투부터 바꾸었다. 서로 존댓말을 쓰니 갑자기 버럭 화내기가 쑥스러워, 지금까지도 큰소리 내며 싸워본 적이 없다. 또한 슬하의 아들 셋, 막내딸을 키워내며 그는 한번도 '잘해라, 착해라, 공부해라.'라는 말을 하지 않았다. 자신이 그렇게 살아오지 않았기에 자식한테도 강요할 수 없다는 것이 그의 교육철학이다.

이윤석의 노력도 있었지만, 그가 좋은 아비가 될 수 있었던 것은 아내 덕분이었다. 아무리 남편이 밉고 인생이 고달파도, 아내는 자식들 앞에서 아버지 흉을 보지 않았다. 한 번쯤은 살아온 고난을 술안주 삼아 털어놓을 법도 한데, 아내는 늘 속으로 삼켜냈다. 자식은 부모의 감정을 먹고 자라기에, 아내는 자신의 고단함을 아이들에게 전이시키지 않았다.

"아들(애들)은 집에 오는 게 즐거워야 된다.
우리는 반주깨미(소꿉장난)처럼 산다.
아들 의식 안 하고 집사람 무르팍 베고 눕고, 방 걸레질을 하고 있으면
'말 한번 타보라'고 하고. 아들이 보든지 말든지 신경 안 쓴다.
그 덕분인가 자식 중에 사춘기가 온 아가 하나도 없다."

　비옥한 땅은 아무렇게나 던져둔 씨앗을 싹틔울 힘이 있다. 덕분에 겨울 땅을 깨치고 태어난 것들은 그 힘으로 살아간다. 아비는 아이들이 자랄 땅을 가꾸었다. 어쩌면 농사꾼 아버지가 흙부터 가르쳐준 이유는, 좋은 아비가 되라는 말이었을지도 모른다. 그 또한 흙에서 태어난 농사꾼의 아들이기 때문이다.
　던져 놓은 씨앗을 품은 것은 땅이었을지라도, 싹을 길러낸 것은 봄비였다. 곡우(穀雨)의 단비 같은 아내를 만나 틔워낸 싹은, 지켜보는 이 없이도 땅의 양분을 먹고 자라나 이제는 부부의 울타리가 되었다.

"결혼 상대는 골라서 골라지는 것들이 아니다. 만나지는 것이다.
우리 핵교 댕길 때 점빵에 또뽑기 안 있나. 그 또뽑기랑 똑같은 기다.
그 안에 뭐가 들었을지는 다 운인기라.
지금 생각해도 신기한 것이 배운 것도 없고,
가진 것도 없는 사람이 참, 천운으로 아내같이 좋은 사람을 만났다.
간장은 샘표, 조여사 음식은 천사표.
조여사는 사운전트 포(Thousand Four, 1004) 천사다."

　이윤석은 아무리 늦은 새벽에 집에 들어가더라도, 잠이든 아내 곁에 누워

오늘 있었던 일들을 미주알고주알 고하고 잠이 든다. 아내도 잠결이라 눈을 뜨고 대꾸를 해주진 않지만, 그 온기로 '남편이 오늘도 잘 들어왔구나.' 그제야 안도의 잠을 청한다. 얼굴도 못 보고 한 결혼이지만, 이 부부는 칠순을 넘긴 지금에야 연애하는 기분으로 산다고 말한다.

이윤석   벌써 결혼한 지 54년이나 됐네.
           우리가 80주년을 할 수 있을까나?
조용순   안 죽으면 하는 거지.

카메라맨이 자리를 비운 사이, 방심한 두 사람을 핸드폰에 담다.

여름

Summer

고성춤의
전설들

제 5과장의 큰어미의 춤

제 4과장의 승무

인생
이모작

고성(固城)의 단단한 바위에 지어진 고성오광대 전수회관 옥상은 바닥들을 관망할 수 있는 최고의 명당이다. 넓은 고성 바닥들과 그 끝에 우뚝 솟아오른 거류산의 기세는 대단했다. 거류산은 유려한 산세만큼이나 위치적으로도 고성의 중심점이다. 동(東)과 북(北)으로는 당동만과 당항만을 끼고, 서(西)로는 고성평야의 시작점이며, 남(南)으로는 통영시와 경계가 되어주고 있다. 고성사람들은 고성에서 걸출한 인물이 많이 나는 까닭을 이 거류산의 정기 때문이라고 믿고 있다. 춤판에서만큼은 그 가설이 사실인 듯하다. 고성 땅에서 난 수많은 춤의 전설들과 그 춤을 배우기 위해 찾아드는 젊은이들로 인구 5만의 소도시가 들썩거리니 말이다.

1975년, 계절은 봄의 어리숙함을 지나고 여름의 치열함 속으로 들어서고 있었다. 이윤석은 3년의 군 생활을 마치고 스물일곱의 나이로 고성 땅에 다시 돌아왔다. 어느새 딸린 자식은 넷이 되었고, 가족들은 이제 철이 들었을까 싶어 반신반의하며 그를 반겼다.

하지만 그를 기다린 것은 가족뿐만이 아니었다. 그의 제대 소식을 들은 같은 마을에 살던 고성오광대 회장 허판세와 회원 몇몇이, 고성오광대에 놀러 가자며 집으로 찾아왔다. 그들은 이윤석이 뒤따르던 메구패이자, 배둔 공회당 무대 위를 활보하던 연희꾼들이었다.

허판세의 꽹과리 가락을 이미 몸에 담고 있던 이윤석은 어린 날의 추억을 붙잡으려는 듯, 고민도 없이 동네 어른들을 따라나섰다. 어쩌면 그들 또한 정월 지신밟기를 따르며 소고를 쳐대던 이윤석의 어리숙한 방황이 지나길 기다리고 있었는지도 모른다.

'내가 이렇게 쓸모 있게 노는 곳이 또 있겠나?'

고성오광대 공연은 늘 상여 조립과 함께 시작되고, 상여 분해로 끝이 난다. 하지만 그 시절 고성오광대에는 노인들이 태반이었다. 결국 다섯째 제밀주과장에 쓰이는 상여를 들어 나르고 조립하는 일은, 언제나 마흔을 넘긴 '젊은이'들 몫이었다. 그러니 갓 군대를 제대한 청년 이윤석은 누가 봐도 고성오광대에 제격인 인물이었다. 능구렁이 같은 노인들은 상여를 번쩍 들어 어깨에 메고 나르는 이윤석의 모습에 연신 '잘한다, 잘한다.' 입바른 소리를 해댔다. 일손이나 거들어 주고 밥이나 얻어먹을 생각으로 따라온 것인데, 올 때마다 반겨주고 칭찬을 해주니 처음 받아보는 대접에 우쭐해졌다.

게다가 '천성적으로 게으르고 노는 걸 좋아한다.'고 말할 만큼 흥이 좋은 그에게, 고성오광대는 흥의 현장에 함께 어울릴 수 있는 기회였다. 그렇게 한참을 함께 어울리며 먹고 놀고 춤추다 보니, 보존회에서 그에게 정식 입회를 권유했다. 그때가 2월 1일에 제대하고 석 달 지난 5월의 일이었다.

무대에 오른 등지가

이윤석은 어린 날 부르던 '등지가'를 잊지 않았다. 1999년 예술의전당 자유소극장 '춤의 고을, 고성사 람들'에서 무대를 바닥들로 만들었고, 그 위에 모판을 펼쳐 목청껏 추억의 들노래를 불렀다.

더디다-더디다 점심채미가 더디다-
짜린치매 진치매 재본다고 더디나
짚신한짝 메트리 한짝 끄니라고 더디나-
작은에미 큰에미 싸운다고 더디나-

    고성의 들 노래 '등지가(고성 농요)'이다. 허기에 점심밥을 기다리며, 점심밥이 오지 않는 이유를 긴치마를 입을지 짧은 치마를 입을지 채비가 늦는 게 아닌가 한다. 이런 여러 절실한 가사들이 소절소절 이어진다. 농사꾼들은 들 노래를 누구라도 한 토막씩 꺼내 나눠 부르며, 일 년 새 농사를 시작했다.
    5월은 고성에서 가장 바쁜 시기이다. 이모작을 하는 고성에서는 보리 추수를 끝내자마자 모내기를 해야 하기 때문이다. 벼농사 준비를 하려면 보리타작이 시급한데, 이윤석은 언제나 일이 있는 논이 아닌 흥이 있는 고성오광대로 향했다.

"거기 들어가면 아 버린다! 오광대 그기는 재미로 모여서 노는데다.
일하기 싫은 놈들 모여서 두들기고 노는데!
젊은 놈이 거 들어가면 바람이 안 나겠나?"

    그의 기웃거림에 집안사람들이며 동네 사람들까지 난리가 났다. 그때까지만 해도 고성사람들에게 고성오광대는 '순 잡놈들 출입처'로 인식되었다. 제대하고 이제야 사람 되었다고 생각했는데, 제대한 지 3개월 만에 고성오광대에 들어간다고 하니 기함할 일인 것이다. 걱정은 곧 뒷담론으로 바뀌었다. 동네 사람들은 매일같이 아내 귀에 대고 풍문을 읊어댔다.
    그래서였는지 이윤석의 입회를 가장 반대한 사람도 아내였다. 늘 밖으로 나도는 남편에게 싫은 소리 한번 안 하던 아내였지만 이번만큼은 강경했다. 고성오광대의 평판을 저렇게 만든이가 다름 아닌 아내의 사촌오빠인 조용배였기 때문이다. 그는 고성오광대에서도 제일가는 한량이었다. 어려서부터 그의 가족들이 얼마나 마음고생하며 살아왔는지 아내는 누구보다도 잘 알고 있었다. 결국 이윤석은 아내를 설득하기 위해 세 가지 약속을 내걸었다.

"내 능력이 없어서 돈도 못 벌고, 게을러서 일도 몬 해준다.
그래도 단 한 가지, 당신 마음고생은 하는 일은 읍다.
첫째 술 먹고 헛소리하는 일 읍을 것이고,
둘째 노름 판에는 근처도 안 갈 것이며,
셋째 여자 때문에 당신 마음 상하게 하는 일 읍다.
내가 이 세 가지는 무신 일이 있어도 지킨다."

1975년 초여름, 이윤석은 집안과 동네 사람들의 반대를 무릅쓰고 고성오광대에 입회하여 정식으로 춤을 배우기 시작했다. 그는 아내와의 약속으로 과부가 허벅지 찌르는 심정으로 살아왔다고 너스레를 떨었다. 하지만 가장 힘들었던 것은 약속을 지키기 위한 절제가 아니라 '풍문'으로 인해 늘 반복되는 오해와 변명의 시간들이었다. 그중에서도 여자 문제만큼 난감한 오해도 없었다. 늘 전수회관에 붙어살며 사람들을 한 차씩 싣고 돌아다니니 '이윤석이 가시나들 차 태워 데리고 다닌다.'는 소문이 동네에 파다했다.

덕분에 매일 저녁은 아내를 앉혀놓고 오해를 푸는 고해의 시간이었다. 어쩌다 식당에서 여자랑 섞여서 밥을 먹을 일이 생기면, 집에 가자마자 아내에게 낮에 있었던 일을 상세히 고하는 것이다. 그러고 며칠이 지나면 그 소문은 귀신같이 아내의 귀에 들어갔다. 그는 "아내는 이미 예방 주사를 맞았으니 괜찮다"고 당당하게 말한다. 하지만 걱정이라는 핑계로 남편의 소문을 전하는 창과도 같은 말에, 긴 세월 동안 아내는 얼마나 많이 찔렸을까. 그것은 괜찮은 것이 아니라, 그간의 생채기가 굳은살이 되어 그 창이 뚫지 못하는 것임은 철없는 남편은 평생 모를 것이다.

"체질적으로 술이 맞았으면 오광대 생활하면서
밤낮으로 술을 먹고 댕겼을 기다. 그랬음 짧은 생으로 끝났을 기야.
안 죽었으면 거랭이가 돼서 비비 돌아다니면서 얻어먹고 그랬겠지.
누가 거둬 주겠어? 우리 조여사니까 거둬 주는 거지."

농사를 짓는다는 것은 씨를 뿌리고 거두는 단순한 노동이 아니다. 매해 작물에 맞게 땅을 바꾸고, 농사꾼의 삶도 바뀌어야 한다. 평탄하기만 했던 그의 인생에 고성오광대가 끼어들면서, 게으른 농사꾼으로 살뻔했던 그의 인생은 예상과는 다르게 흘러갔다.

써레질해 놓은 논에 삽을 꽂던 고성의 농사꾼은 예술의전당 무대 위에 삽을 꽂으며, 흙냄새 물씬 풍기는 춤사위로 세상에 나섰다. 그가 고성오광대에 빌을 내딛는 순간, '춤추는 농사꾼'으로 그의 인생 이모작이 시작된 것이다.

흙에서 태어난 것은 비단 농사꾼만이 아니었다. 판판하게 써레질해 놓은 논바닥에 툭-하고 무심하게 발을 내디디면, 턱-하고 뻘이 된 땅에 두 발이 박혀 버린다. 요령 있는 농사꾼은 땅을 어르고 달래, 엉겨 붙은 흙을 텅-하고 끌어 올릴 수 있다. 논바닥에서 땅의 완력을 거스르고 발을 들어 올린 그 순간, 그 반항의 디딤은 마당의 춤이 되었다.

고성오광대는 다른 탈춤과는 달리 춤에 대한 옛 기록이 풍부하다. 조선 중종 25년(1530)에 완성된 『신증동국여지승람』 33권 고성, 성황사에는 '고성지방 사람들은 해마다 5월 초하루에서 닷새까지 모두 모여 두 무리로 나눈 다음 여러 마을을 두루 돌아 다니며…(중략)온갖 놀이를 펼친다'라고 기록하고 있다. 그 오래된 풍류의 역사는 고종 30년(1893) 고성에 부임한 부사 오횡묵(鳴宏黙)이 음력 12월 30일 제석을 맞이하여 고성 관아 마당에서 벌어진 춤판을 목격하고 기록한 글에서 더 자세히 이어진다.

내가 풍운당을 돌아보니 이정(아전)의 무리들이 나약을 갖추고 유희를 하고 있다. 이게 무어냐고 물으니 "해마다 치르는 관례입니다."라고 한다. (중략) 월전(月顚)과 대면(大面), 노고우(老姑優)와 양반창(兩班倡)의 기이하고 괴상한 모양의 무리들이 순서대로 번갈아 가며 나와, 서로 바라보고 희롱하며 혹은 미쳐 날뛰며 소란스럽게 춤추거나 혹은 천천히 춤을 춘다. 이같이 하기를 오랫동안 하고는 그쳤다.
- 오횡묵의 『고성총쇄록』 중에서

이 '오래된 관례'는 조선말 고성읍의 남촌파 한량에게로 이어진 듯하다. 당시 고성에는 북촌파와 남촌파가 존재했다. 북촌파는 북쪽 지역인 무량리 박씨 문중 사랑방을 중심으로 비교적 부유층의 선비들이었고, 이들은 주로 관현악기를 즐겼다. 남촌파는 남쪽지역인 남외부락 천씨 문중 사랑방을 중심으로, 서민층 선비들이 시조창이나 메구놀이(農樂)를 즐겼다고 한다. 고성오광대는 그중 남촌파의 서민층 선비에 의해 놀아졌다. 1920년경 당시 고성지방에 괴질이 크게 번지면서 남촌파 선비들이 고성읍에서 서북쪽으로 약 10Km 거리의 무이산(처량산)으로 피병(避病)을 가게 되는데, 그때 이들이 이윤하(양반) 정화경(말뚝이)에게 배웠다고 한다. 문수암 피병(避病)에서 배운 연희자들이 놀았던 고성오광대는 일제강점 아래 어려운 여건으로 놀이가 위축되었다.

그리고 해방 후 1946년에 고성읍에 새로 건립한 가야극장이 낙성식 기념공연에서 다시 연희 되었다. 이때 주축이 된 연희자는 김창후(원양반), 홍성락(문둥북춤·가면제작), 천세봉(승무)으로 고성오광대의 중흥자로 불리는 이들이다.

"슨생님들을 모여서 술만 자시는 게 아이다.
그 어울림 속에서 춤이 다 생기고 이어진 기다.
그니까 술이 들어가도 춤은 안 잊어뿐다.
옛날 분들이 양반입네 하고 점잔 떨었으면 지금 고성 춤은 읍다."

고성춤의 전설들은 식민지 시대와 전쟁통 속에서도 고성오광대를 위해 열심히 써레질하고 있었다. 써레질이란 것이 수없이 해도 겉으론 티도 안 나지만, 후에 논 위에 벼가 자라날 때 그 수고의 노력이 빛을 보는 것이다. 타고난 춤꾼이었던 농사꾼들은 알고 있었을 것이다. 이 무한의 써레질이 자신들이 뿌려놓은 씨앗들을 위한 것임을. 그 덕분에 그 땅을 딛고 자라난 세대들로 고성오광대의 맥은 이어져, 작은 도시 고성은 팔도 제일의 '춤의 고을'로 여전히 회자되고 있다.

춤의 고을,
고성

 모내기를 끝내 놓으면, 농사꾼들이 일 년 중 가장 바쁜 망종(芒種)에 들어선다. 하지만 이윤석은 여름의 대부분을 전수회관에서 보내야 한다. 여름방학을 맞아 고성오광대를 배우기 위해 전국에서 전수생들이 몰려들기 때문이다.

 춤의 전수는 1974년 부산 구덕운동장에서 열린 '전국민속경연대회'에서 고성오광대가 대통령상을 받으면서 시작되었다. 그해 겨울, 고성오광대의 1기 전수생인 부산 개성여상이 고성에 입성하게 된다. 당시 고성오광대 전수회관은 1973년에 고성읍 남산공원 아래 슬레이트 지붕을 올린 19평짜리 작은 공간이었다. 1950년대부터 사용하던 고성읍 성내리의 노인정에 비하면 동네 한량들이나 모여서 노는 곳으로는 더할 나위 없이 번듯했지만, 50명이 넘는 학생들이 먹고 자면서 춤을 전수 받기에는 버거웠다. 80년대 대학가에 민주화 운동이 활발해 지면서 학교마다 탈춤 동아리가 우후죽순 생겨났다. '탈춤 붐'이 일어나며 한주에 50명이던 전수생들은 150명까지 늘어났다.

"여름 전수 때는 비가 오면 대책이 읍다.
전수 공간 안에 한 100여 명이 입추의 여지 없이 빽빽이 서가
춤을 배우는 기라"

전수생들은 춤출 자리가 없어 손가락만 까딱이며 춤을 익혀야 했다. 하지만 가장 문제는 먹는 것과 자는 것이었다.

여름 장마라도 겹치면 습기로 장판 위가 흥건해지는 바람에 비닐을 깔고 잠을 청해야 했다. 방은 빗물로 한강이 되었지만, 실상은 물이 귀해 전수하러 들어와서 나갈 때까지 세수 한번 제대로 할 수 없었다. 그나마 여름에는 동네 개울에라도 몰려가서 몸을 담글 수 있었지만, 겨울은 별 방도가 없다. 연탄재가 시커멓게 묻은 얼굴로 일주일을 꼬박 버티다, 돌아가는 날이나 돼야 시내 목욕탕에서 씻고 상경 길에 오를 수 있었다.

먹는 것은 남산에서 주워온 돌멩이에 솥을 걸고 불을 때서 해결했다. 다들 어려운 시절이라 가장 저렴한 국수, 수제비가 주식이었다. 탈춤은 옷에 하얗게 소금 덩어리가 맺힐 정도로 체력소모가 많은 춤이다. 하루 종일 춤을 춘 젊은 친구들에게 그 밀가루 덩어리가 끼니로 가당키나 했을까. 현실은 그마저도 녹록치 않았다. 비닐이 귀하던 시절이라 장맛비를 맞은 나무로 불이 지피면 눅눅한 흰 연기만 뿌옇게 피어올랐다. 한참을 끓지 않는 냄비만 쳐다보던 굶주린 학생들은 결국 미지근한 물에 수제비 덩어리를 던져버리고 말았다. 수제비를 떼어 넣는 그 순간만큼은 생존의 문제가 민주화 운동의 정신력을 넘어서는 순간이었다. 결국 끓지 못한 냄비 속 수제비는 풀이되었다. 뭉개진 수제비 덩어리를 일단 입에 밀어 넣으면 목구멍도 채 넘기지 못하고 입천장에 붙어버렸다.

80년대에 접어들면서 수도가 연결되고 연탄 구덕으로 취사장이 만들어졌다. 하지만 전수생들은 여전히 불과의 사투 중이었다. 각 학교마다 '불 당번'을 두어 연탄불을 사수했지만, 전수생들은 연탄 위에 번개탄을 피우며 매운 연기에 눈물만 질질 짜고 있었다. 간혹 춤을 추느라 불 당번이 불을 꺼트리기라도 하면, 남에 불을 훔치다가 싸움도 벌어지기도 했다. 그들은 불 하나에 수십 명의 목숨이 달린 것처럼 싸웠지만, 간신히 주린 배만 채우고 나면 언제 그랬냐는 듯 함께 춤으로 어울렸다. 스승들은 이마저도 모두 '전수'라고 말했다.

겨울은 추위와 배고픔 이중고를 버텨야 하는 말 그대로 혹한기였다. 연탄난로 하나로 100여명의 사람들이 겨울을 보냈다. 한해는 불을 너무 많이 때는 바람에 구들이 내려앉아 방 한가운데에서 연기가 피어오르기도 했다. 그마저도 그들 사이에는 엄격한 위계질서가 존재했다. 난로 제일 가까이에 선배들부터 서열대로 눕다 보면, 저 끝 가장자리에는 저학년들이 한기를 끌어안고 겨울밤을 버텨야 했다.

하지만 긴 겨울밤은 젊은이들에겐 한없이 짧았다. 난롯불 곁에 모여 소주 한잔에 민주화 이야기로 밤샘 토론을 하였고, 이내 일어나 춤을 추었다. 그들은 객사 마당에 모여 솔가지로 불을 피우고 밤을 지새워 양반의 허위를 들추며 놀던, 그 옛날 춤꾼들의 모습과 닮아있었다.

젊은이들의 혈기는 문제를 만들기도 했다. 밤새 악기를 두들기는 통에 전수회관과 20m의 거리의 민가에서는 매일 밤 '잠 좀 자자!'는 고함이 담을 넘었다. 결국 이윤석은 마을 어귀에 세워둔 장승처럼, 매일 밤 민가로 이어지는 골목을 지켰다. 길목에 평상을 펴놓고 앉아, 나가려는 전수생들을 단속하고 항의하러 오는 주민들을 달래 내려보내는 것이 주임무였다. 그중 가장 막중한 임무는 따로 있었다. 대학 탈패에 섞여 있는 민주화 운동 수배자를 검거하기 위해 잠복

수사 중인 형사들을 상대하는 일이었다. 이윤석은 큰 덩치를 무기로 일단 그들을 막아섰다. '당신들이 찾는 학생들은 여기 없습니다.'라고 정중하지만 단호하게 선을 그으면, 형사들도 어쩌지 못하고 발길을 돌릴 수밖에 없었다. 고성오광대로 통하는 모든 것은 이윤석을 거쳐야 했기에, 전수생들에게는 그는 만능 해결사였다.

전수를 시작하기 전, 춤판이 벌어졌다. 오랜 관례였는지 학생들은 연신 "회장님!"을 외쳤다. 허종복이 일어나자 환호가 드높았고, 이미 그럴 줄 알았다는 듯 옷을 갖춰 입고 있었다. 언제나 춤출 태세로 살고 있었다. 이어서 "이윤석 총무님!"을 외쳤다. 팔대 장승 같은 키에 툭 불거진 골격, 춤보다는 도축업에 종사하면 좋을 듯한 사내가 나왔다. 오토바이를 타고 오느라 파카를 껴입어 실밥이 터질 것 같아 흡사 마징가 제트 같았다. 그런데 굿거리장단으로 뛰다가 급작스레 솟구쳐 방향을 전환해 땅에 엎드렸다. 지금 생각하니 '배김새' 동작인데, 춤추기에는 거북스러울 정도의 큰 신체가 장엄하게 이동해가고 있었다. 춤이 정녕 그렇기도 했다. 비닐하우스에서 고랑 치다 온 사내가 흙 묻은 채로 그냥 펼쳐 들고 뛰는 것이었다. 화려한 조명 속에서 잠자리 날개 같은 옷을 치장해 추는 춤이 줄 수 없는 흔듦이 있었다. 마치 국수를 삶아 찬물에 헹궈 한 가닥 입에 넣었을 때의 맛이었다.

— 진옥섭의 『노름마치』 중에서

고성오광대가 춤으로만 구성된 것이 아니다. 탈춤에서는 막과 막을 과장이라고 부르는데, 고성오광대는 짜임새 있는 총 5과장으로 구성된 가면극이다.

제 1과장은 '문둥북춤' 혹은 '문둥광대놀이'로 부르는데 누덕누덕 기운 옷을 입은 걸인 행색의 문둥광대가 굿거리장단에 소고를 들고 등장하여 춤을 춘다. 제 2과장은 '양반과장' 혹은 '오광대놀이'로 부른다. 양반들이 나와서 하인

전수 전의 고요

"전수생들 하고 땡볕에서 같이 뛰댕기면 아무 생각이 안 든다. 그때만 해도 내 체력이 좋았거든. 애들은 땀 범벅이 돼도, 내는 땀도 하나 안 나대? 애들이 수건 갖다 주면 '내는 필요 없어!' 하면서 소매로 슥 하고 이마 한번 닦으면, 그만인 기라."

'대강'마저 철저한

"인자는 나이가 먹어서 전수하는 것도 '대강'한다. 말로 때우는 기지." 예전보다 말로 설명하는 것이 많아졌지만, 전수생 앞에 서면 또 금방 '대강'을 잊어버린다.

생즉필사(生卽必死), 살리려면 죽여라

"이 마당에 오만 원짜리를 뿌려놓고 제자리에서 거두라 하면 얼마만큼 팔을 뻗겠나? 춤도 신명을 자기 것으로 한껏 거두어 들이는 기다. 더 높이, 더 크게 거두기 위해 오금을 충분히 죽였다가 이내 끝까지 돋움하는 순간 '웃!'이 된다. 춤을 크게 살리려면 미리 살짝 죽어야 하는 기지."

말뚝이를 불러 부리며 놀려 하지만, 재치있는 말뚝이의 대사로 오히려 양반들의 치부만 드러내는 내용이다. 제 3과장은 '비비과장'으로 '영노'라는 괴물이 등장한다. 이 괴물이 대나무로 만든 호드기를 불면서 등장하는데 "비-비-" 소리가 나 '비비'로 부르게 된 것이다. 2과장에서 양반들이 한창 흥겨울 때 비비가 나타나고, 미처 피하지 못한 양반을 잡아먹으려는 장면이다. 양반과 비비는 여러 문답 끝에 양반이 "네 고조할아버지"라 하자, 비비는 "그것은 못 먹는다" 하고 춤추며 퇴장한다.

"양반이 살라고
'바다에는 치가 많다. 갈치, 삼치, 물치, 송치, 이런 것도 묵겠나?' 하거든,
근데 먹는다고 하는 기라. 학자들은 별말이 없는데,
실은 '치'자 고기는 제사상도 안 올리는 고기거든.
귀신도 안 먹는데 비비는 다 묵는다는 기야. 그런 비비가
고조할배를 안 묵는 거는 미물도 조상에 대한 효가 있다는 거다.
제사상에 '치'가 안 올라가는 거를 알아야,
대사의 묘미를 알고 고성오광대의 철학을 알아챌수 있는기지."

제 4과장은 '승무과장'으로 중이 등장하여 두 명의 선녀에게 각각 다가가서 춤으로 어르며 점점 가까워지다, 마침내 다 어루어 두 사람과 손을 잡고 퇴장한다. 제 5과장은 '제밀주과장'으로 치마저고리 사이에 배가 둥그렇게 붉어져 나온 큰어미가 헤어진 영감을 찾는 것으로 시작한다. 결국 영감을 만나게 되지만, 이미 '제밀주'라는 첩이 있어 아이를 낳다 다투게 된다. 결국 큰어미는 죽고, 그 상여가 나가면서 놀이는 끝이 난다.

대학교의 탈패들은 전수를 오면 이 기나긴 다섯 과장의 각자 배역을 맡아 배운다. 그래야 학교의 축제에서 완판을 공연할 수 있기 때문이다. 월요일부터

금요일까지 밤낮으로 전 과장을 익히고, 마지막 날엔 대학별로 배운 것을 발표하는데, 이것은 대학별 대항전이 된다. 이때를 위해 선배들은 밤낮없이 '빠따질'을 해가며 전 과장을 가르친다. 이 고통들의 후일담은 '군대 이야기 담으로 많이 한 이야기가 고성전수 이야기'란 말처럼 전수생들 사이에서 전설이 되었다.

생사의 위기를 함께하며 춤으로 맺은 인연이었기에, 몇몇 선배들은 졸업 후에도 전수회관에 다시 찾았다. 스승들은 "정말 인사성이 밝은 사람들이다. 전수를 마치고 가서 또 인사차 선생님들을 찾아온다."며 늘 칭찬했다. 하지만 졸업한 전수생들이 마냥 인사차 이 먼 고성까지 다시 찾아오는 것은 아니었다.

알고 보니 돈이 없는 후배들을 위해, 선배들이 읍내 전당포에 시계나 반지를 잡혀놓고 전수기간 내내 돈을 융통해서 생활해왔던 것이었다. 그걸 찾으러 온 김에 스승들을 찾아온 것이다. 이런 일은 매 기수마다 되풀이되어, 전수생 사이에 관례가 되었다. 아마도 그것은 난로 옆은 양보하지 못해도 멋으로 찬 시계 정도는 함께 비워내던 소주값으로 기꺼이 내어놓을 수 있는, 그 시절 젊은이들의 의리와 동지애였을 것이다.

전수생들은 고성춤을 배우기 위해 열정 하나로 이 먼 고성까지 내려온 것인데, 안타깝게도 보존회는 학생들에게 베풀 수 있는 여력이 없었다. 결국 스승들이 나섰다. 개별적으로 전수생들을 자기 집에 데려가서 밥도 먹이고, 재우기 시작한 것이다. 이윤석 또한 벌이도 없는 총무직을 맡으면서, 전수하는 동안 본인의 주머니를 털어냈다. 밥 사주고, 재워주고, 술 사주고 나면 돈 백은 우습게 깨졌지만, 그 어려움을 함께 겪어내면서 회원들과 젊은이들은 인간적인 관계를 만들어 나가고 있었다.

지금이나 예전이나 전수 활동은 보존회 살림에는 늘 적자인 사업이다. 그럼에도 40년을 넘게 이어오는 이유는 고성오광대에게 '전수'란 스승들로부터 이어오는 '전통'이기 때문이다. 춤의 기량뿐만 아니라 스승과 제자들이 인간적인 관계를 통해 고성오광대의 '울림'을 이어 가는 것, 그것이야말로 오랜 시간 지켜온 고성오광대보존회의 고유사업인 것이다. 그 덕분에 다른 탈춤과 다르게 지역 내에서 자체적으로 전승되어 내려오는 고성오광대만의 고유함을 만들어냈다.

고성오광대 회원들이 마음 둘 데 없는 청년들을 보듬어 돌려보내면, 그들은 잊지 않고 후배들에게 전설처럼 고성의 춤을 구전으로 전해주었다. 입에서 입으로 전해지는 무용담들은 위로받고 싶은 청춘들의 발길을 고성으로 이어지게 했다.

덕분에 인구 5만의 소도시 고성에서 4만 명이 훌쩍 넘는 전수생들이 고성오광대의 춤사위를 배워갔다. 이로써 고성은 그 어디에도 유례없는 '춤의 고을'이 되었다.

일흔의
춤의
태

"모가 일렬종대로 골이 착- 나 있는 것 봐도
농사꾼들은 이미 배가 불러"

　이윤석의 하루 일과는 아침마다 논을 한 바퀴 돌아보는 것으로 시작된다. 내 자식을 이리 살뜰히 아낄까. 심어놓은 작물이 커가는 걸 보는 재미에, 하루에도 몇 번이고 논과 밭을 돌아보는 극성맞은 아비이다. 이윤석은 논 가를 지키듯, 제자들로 북적이는 전수회관 근처를 평생 맴돌았다. 하지만 들판과 춤판의 시간은 다르게 흘렀다. 돌아서면 금세 자라있는 들판의 벼와 달리, 춤판에서 자라난 제자들은 스승의 시간을 양분 삼아 찬찬히 자라났다.

"예술은 돌 크듯이 크는 것이다."

　이윤석을 길러낸 스승 허종복은 '예술'을 이렇게 이야기했다. 예술은 눈에 보이는 것도 아니고 스승이 가르쳐서 받아들이는 것도 아니다. 그냥 보면서 느끼는 것이다. 춤은 춤추는 사람의 느낌으로 추는 것이지, 수치적으로 가르쳐 줄 수 없다는 것이다.

'전승'이라는 것은 스승의 것을 오차 없이 따라 하는 것이 아니다. 스승의 몸짓을 상시 바라보고 흉내 내고 느끼면서, 자기 것으로 만들어가는 과정이다. 그렇게 세월의 품을 팔아 연습을 하다 보면, 어느 날 스스로 '아!'하고 느끼게 되는 순간이 찾아온다.

처음부터 전수가 순조로웠던 것은 아니었다. 처음으로 개성여상 전수생들을 받아 춤을 가르칠 때는 20일 동안 춤 하나를 다 익히지 못했다. '전승'으로 춤을 배워온 스승들에게, 순서에 맞게 정형화된 춤동작을 몇 일만에 가르쳐야 하는 지금의 '전수'는 낯선 일이었다. 옛날처럼 '그냥 보고 따라 하라'는 말은 더 이상 통하지 않았다.

한 번도 체계적으로 춤을 배워본 적 없었기에 결국 문제는 터져 나왔다. 어제는 '하나 둘울'에 팔을 올리라고 가르쳤는데, 오늘은 '하나 둘'에 팔을 올리라고 가르친 것이다.

"어제 내가 팔을 뭐시라고 했는고?"

스승들은 그저 멋쩍게 웃어 보일 뿐이었다. 그들에겐 어제의 춤도 맞고, 오늘의 춤도 맞다. 하지만 어제의 춤동작을 익힌 전수생들에겐, 오늘의 춤은 틀린 것이었다.

하나의 연희를 구성하려면 전수생들이 고성오광대 춤의 기본적인 흐름을 알아야 했다. 이미 허종복과 조용배를 필두로 고성오광대의 몸짓 중 의미를 부여할 수 있는 춤사위를 추려 만든 기본춤이 존재했다. 하지만 춤의 순서는 매일

고성의 선사시대

두 번째 줄 왼편부터 조용배, 허현도, 허종복, 이윤순, 이금수, 허판세 명무이다. 보존회원들이 말하는 80년대를 주름잡은 선사(先師)들이 살아있던 그리운 선사시대, 대학 탈패들은 그때를 '허종복 회장, 이윤석 총무'였던 허회이총 시절이라 말한다.

바뀌었다. '기본춤' 또한 순서를 새로 정한 춤이기 때문에 평생 춤을 춰온 스승들도 새로 순서를 외워야 했다. 나이가 많은 스승이 중간에 한 동작이라도 빠트리고 가르치는 날엔, 학생들의 아우성이 빗발쳤다. 이미 춤의 순서를 다 외워버린 머릿속에 동작 하나를 끼워 넣으려니, 춤판은 이내 막춤의 향연이 되고 말았다. 이윤석은 더 늦기 전에 고성 춤의 체계를 잡아야겠다 마음 먹었다. 춤의 순서를 통일시키는 것이 가장 시급했다. 그렇게 정립된 것이 지금 전해지고 있는 고성오광대 기본춤이다. 시간이 지날수록 기본춤은 성과를 보이기 시작했다. 점점 체계가 잡혀가는 전수 덕분에 가르치는 사람도 배우는 사람도 한결 수월해진 것이다.

이윤석이 선대의 예능보유자들처럼 춤에 목숨을 걸어온 사람은 아니다. 그렇다고 고성오광대를 학문적인 기준에 놓고 체계를 정리한 사람도 아니다. 그럼에도 그가 인정받는 이유엔 그만의 특별함이 있다. 그는 바쁜 농사일 사이사이 '어떻게 하면 고성 춤을 잘 가르칠 수 있을까?' 끊임없이 고민해왔다 그의 자동차에는 언제든 손이 닿을 수 있는 곳에 중학교 영어 단어책이 있다. 칠순에 영어를 배우는 춤꾼이라니. 하도 봐서 뜯어진 책 표지를 테이프로 알뜰히 봉합해 놓은 걸 보니 전시용은 아니듯 했다. 해외공연에 대한 그의 고민이 느껴졌다.

그의 노력은 전수생들에게 춤의 시범을 보일 때 가장 빛을 발했다. 예능보유자의 권위는 내려놓고, 요즘 젊은이들의 유행어를 섞어가며 고성오광대의 의미와 탈춤의 정신을 전하려 노력한다.

전수는 '요즘 방식'으로 바뀌었지만, 스승들에게 배운 고성 춤의 '본질'은 놓지 않은 것이다. '탈춤'은 본디 저항의 춤이고, '의식'을 갖고 추는 춤이다. 지금은 고성오광대가 하나의 오락이자 연희지만, 선조들에게는 그저 소일거리인 놀이만은 아니었을 것이다. 고성오광대 회원들이 대부분 가방끈 짧은 농사꾼이지

이윤석의 말뚝이춤

이윤석의 팔대 장승 같은 체격과 호쾌한 춤사위를 탐내는 스승이 많았지만, 그는 허종복의 춤을 이을 말뚝이로 일찌감치 정해졌다. 허종복의 아들이라는 소리를 들을 정도로, 체격이며 춤의 태가 일맥상통이다.

만, 마당의 '말뚝이'로 살며 자신의 존엄을 깨달았다. 덕분에 그들은 농민운동의 중심에 서는 일이 많았다.

"옛날 으르신들은 700자 귀신이 있다고 믿었다.
'말뚝이'가 그 귀신을 쫓는 벽사의 춤을 추는 기다.
칼을 뽑아 그 귀신을 후려친다는 의미를 담은 동작이 '베귀가락'이다.
'귀신을 벤다'는 건
우리를 힘들게 하는 모든 것들을 물리치기 위함이었다.
그럼 뭐가 귀신이겠나?
맨 농사를 짓던 조상들은 자연재해가 귀신인기라.
헌데 우리가 지금 귀신 때문에 힘이드나?
도처에 십자가도 많고 절도 많고 구차한 종교들이 많아서 일수도 있지만은,
문명의 발달 하믄서 이전의 힘듦은 사라졌다.
허지만은 어려움은 늘 새롭게 생겨난다.
그니까 우리가 살기 힘든 것이지."

그는 춤의 정형화된 원칙을 일러주긴 하지만, '팔을 얼마만큼 들어라', '다리를 어떻게 벌려라'라는 이야기는 절대 하지 않는다. 춤이라는 것은 추면서 자신의 몸에 맞는 태를 찾아가는 것이기 때문이다.

"내는 하나에 올린다, 둘에 내린다만 알려준다.
그 사이 과정의 흐름은 느이들 것이다."

어느덧 이윤석도 옛 시절 스승들의 나이가 되었다. 춤의 시범 중 비틀거리는 자세를 바로잡으며 변명을 늘어놓는 나이가 된 것이다.

청노새 청노새 1

전수 마지막 날인 토요일에 열리던 대학 탈 패 간의 시연은 결사 항전(決死抗戰)이었고, 양반을 질타하는 말뚝이는 누구나 탐내는 주인공이었다. 이제 장년을 넘어섰을 탈 속의 저들, 가끔 남녘을 바라보면 '청노새, 청노새' 젊은 날의 불림 소리가 울릴 터이다.

"자꾸 와이라노. 이젠 몸의 중심축이 틀어졌나?
이래 봬도 젊었을 땐 다리도 잘 모아서 추고 중심도 잘 잡았다."

젊은 시절 호쾌하던 춤의 태는 이제 그의 낡은 몸의 양분이 되어 사라졌다. 하지만 지금 이윤석의 춤은 일흔의 '춤의 태'를 새로 선보이고 있는 중이다. 그가 늘 하는 말처럼 춤은 살아있는 것이기 때문이다.

고성오광대 춤을 배울 때 가장 먼저 자연스럽게 익히게 되는 것이 있다. 걷는 법도, 호흡하는 법도 아닌 고성의 숫자 새는 법이다. 전수생들이 고성오광대 춤을 처음 배울 때는 스승의 구음 장단에 맞추어 춤을 한 동작 한 동작 익힌다.

'하나, 두울, 서이, 너이, 얼씨구!'

진한 경상도 말씨가 물씬 배인 스승의 선창을 따라, 전수생들은 각자의 고향 말씨가 배인 '하나, 두울, 서이, 너이'를 후창 한다. 몇 날 며칠을 춤만 추다 보면, 어느새 스승을 따라 경상도 억양으로 숫자가 세어진다. 한번 입에 붙은 고성의 구음은, 원래 어떻게 숫자를 세었는지조차 까먹게 만들었다. 그렇게 스승의 호흡까지 체득되었다면, 그때야 비로소 여덟 마디 구음에 켜켜이 매듭져있는 '고성의 춤'과 마주할 준비가 된 것이다.

하지(夏至)가 지나면 밤이 길어지기 때문에 농작물들은 성장을 끝내고 생육의 시기로 들어선다. 사람으로 치면 사춘기를 지난 것이다. 농사꾼이 더위를 핑계로 한숨 돌리는 틈에도 밭에 심어놓은 여름 열매들은 작열하는 여름 볕에 속을 꽉 채워가고 있다. 이윤석이 고성오광대에 심고 기른 전수생들 또한 치열한 여름날을 지나며 탐스러운 열매로 익어가고 있었다.

고성춤의
전설

이윤석이 다섯 부모 사이에서 겪던 곤란은, 숙명처럼 스승들에게로 옮겨왔다. 그는 고성오광대에 입회해서 조용배, 허종복, 최규칠, 허판세, 박진학, 이윤순, 허현도, 이금수까지 여덟 명의 예능보유자 스승을 모셨다. 개성이 강한 스승 여덟 명을 모시기란 아무리 무던한 그에게도 버거운 일이었다. 스승들은 늘 패가 나뉘어 다투었고, 작은 다툼이라도 벌어지는 날이면 돌아가며 이윤석을 불러다 앉혀놓고 자기 하소연만 늘어놓았다. 다섯 부모 아래에서 단련된 내공 덕분에, 하늘같이 모시는 스승일지라도 한쪽 편에 치우치지 않고 늘 단호하게 처신했다. 아무리 목소리 큰 스승들이라도 그런 이윤석을 제자라는 이유로 쉽게 대하지 않았고, 끝내는 공정한 그의 판단에 설득당하고 말았다.

스승들은 더 없는 한량들이었다. 사람들은 격 있게 높여서 부른다며 그들에게 '한량'이란 꼬리표를 달아 주었다. 그 꼬리표는 평범한 이들의 동경심이자 그들을 '우리'의 경계선 밖으로 밀어내기 위한 표식이었을지도 모른다. 사실 그런 평판을 자초한 것도 스승들이었기에 억울할 건 없었다. 그들의 예능적인 재능은 모두의 부러움을 샀지만, 가정적으로, 도덕적으로는 떳떳하지 못했다. 삼신 할매가 스쳐 간 하룻저녁의 유흥으로 스승들의 호적은 복잡했고, 배다른 자식들에게 아비의 얼굴은 구전으로나 떠도는 이야기였다. 그럼에도 그들이 있는 곳은 언제나 흥이 있는 판이었기에, 사람들은 늘 그들의 주변으로 몰려들었다.

그들은 춤이 추고 싶어 계를 맺었다. 고성오광대 초창기 연희자들이 만든 '일심계(一心契)'부터 '요산계(樂山契)', '청고회(淸固會)'까지 고성의 풍류 모임은 늘 이어졌다. 특히나 '요산요수(樂山樂水)'를 즐겨 하던 조용배와 허종복을 중심으로 만들어진 '요산계(樂山契)'는 인근의 예인들까지 합류하며 그 규모가 컸다. 그들은 고성에 해치가 벌어지면 언제, 어디서고 장구부터 들러메고 판을 만들었다.

"잔치가 크면 진주의 김수악, 고성 권번에 계시던
방국향, 정효정 같은 분들이 합세해서 늘 같이 어울리셨다.
슨생님들이 내한테도 '요산계(樂山契)'에 들어오라고 맨날 꼬셨다.
심부름꾼이 필요한 기지.
하도 오라셔서 몇 번 따라 댕기 봤는데, 내가 낄 자리가 아닌 기지.
어른들이 많으니까 맨 부조할 일인 기다.
춤춘다고 집에 돈도 몬 갖다 주는데 그럴 돈이 어데 있노.
슬그머니 빠졌지."

스승들은 여름 더위로 한가해진 한낮에는 노는 김에 전수회관으로 출근하는 것이 일상이었다. 때마침 서울에 공연이 잡히기라도 하면 그만큼 좋은 구실이 없었다. 공연 며칠 전부터 탈과 의상을 손본다는 것을 핑계로, 조금씩 주머

금산(琴山) 조용배(趙鏞培, 1929~1991)

작은 체구이지만 즉흥적이고 파격적인 춤사위를 선보이며, 무게감 있게 장단을 이끌던 조용배는 인간의 기쁨을 노래하던 이백(李白)에 견주어졌다.

고산(鼓山) 허종복(許宗福, 1930-1995)

큰 신체를 활용한 힘 있고 날렵한 춤사위로, 장단을 웅장하게 이끌던 허종복은 빈민과 인간의 고뇌 속에서 아픔을 노래하던 두보(杜甫) 연상시켰다.

니를 털어 시장에서 고기를 사와 술판이 벌였다. 서울 공연은 며칠이나 남았는데, 고성은 이미 전야제가 시작된 것이다.

　서울 공연 당일, 상여 같은 큰 장비들은 이틀 전에 천일고속 화물로 부치고 회원들은 합숙한 뒤 새벽 일찍 마산역에서 서울행 열차에 올랐다. 서울을 향해 한세월이고 달릴 것 같은 느리고 시끄러운 열차 안. 지루한 공기를 견디지 못하고 누군가 '더-덩' 하고 장구를 두들기면, 열차 안 사람들은 귀가 번쩍 뜨였다.
　본격적인 축제가 시작된 것이다. 소란을 제지하기 위해 순찰대가 와서 엄포를 놓고 돌아갔지만, 태생이 한량인 고성사람들은 그런 것에 의식 할 사람들이 아니었다. 순찰대가 멀어지면 이윽고 장구 소리는 커졌고, 어느새 열차 칸에 타고 있던 사람들은 소리 가까이 다가왔다.
　그렇게 분위기만 뜨면, 주머니가 넉넉한 승객들은 매점 요원을 불러 세워 맥주와 삶은 달걀을 사서 나누며 판을 키웠다. 그쯤 되면 '왜 좋아서 하는데 못하게 하느냐.' 며 승객들이 순찰대를 내쫓아버리는 웃지 못할 상황이 펼쳐졌다. 열차는 어느새 유랑 무대가 되어, 서울로 고성의 흥을 실어 나르고 있었다. 그때는 판을 펴기만 하면 저절로 사람이 모여들던 시절이었다. 흥을 타고난 고성의 한량이 있었고, 함께 어울릴 신명이 있었기에 가능한 놀이판이었다.

　고성은 현재 한적한 소읍(小邑)이지만, 당시는 사천이나 김해보다 큰 대읍(大邑)이었다. '사천기생은 골목기생, 고성기생은 풍류기생'라는 말이 생길 정도로, 바닥들 평야의 추수가 끝나면 풍류객들이 한없이 밀려들었다.
　고성오광대의 그 많은 한량들 중에서도 가장 유명인이자, 예능적인 재주까지 뛰어났던 이가 금산 조용배이다. 그는 예인(藝人)이 되기 위해 태어난 사람처럼 서화, 한학, 소리, 춤까지 모든 예능에 두루 능했다. 고성사람 중에 군수 이름은 몰라도 풀 먹인 도포 자락을 휘날리며 논길을 휘적휘적 걸어가던 조한

량을 모르는 이는 없었다. 고성은 그를 품기엔 작았다.

그는 독보적인 예술적 재능과 리더십으로 예향(藝鄕)이라는 고성, 전주, 광주, 부산지역의 풍류방을 주름잡으며 '천하의 조금산'이라 불렸다. 고성으로 돌아와서는 이따금씩 먼 풍류방이 그리운 듯 논두렁에 앉아 전화기를 들었다. 풍류방으로 연을 맺은 예인들은 그 전화 한 통이면, 택시를 타고 고성으로 넘어와 또 다른 풍류방을 만들었다.

조용배는 예술적인 행동을 함에 있어 격이 없고 즉흥적으로 행동하는 사람이었다. 자그마한 체구이지만 그의 춤에는 흥이 배어있어 언제고, 어디서고 분위기만 되면 퉤- 침 한번 뱉고 판에 나서는 배짱 있는 춤꾼이었다.

즉흥적인 성격과는 다르게 그의 춤은 잦은 동작 대신 한 팔을 들고 무게감 있게 장단을 이끌었다. 장단을 진득하게 밀고 나가는 몸짓의 흐름에서 느껴지는 엄청난 내공은 보는 이들에게 고스란히 전해졌다. 제자들은 즉흥적이고 파격적인 춤사위를 선보이는 그를 이백(李白)에 비교하곤 했다.

고성에서 춤으로 조용배와 쌍벽을 이루는 이가 있었으니, 고성 들녘에 우뚝 솟은 거류산처럼 180cm가 넘는 장신의 춤꾼 고산 허종복이다. 늘 입고 다니는 넉넉한 한복 품 사이로 번뜩번뜩 불거져 나오는 타고난 몸의 태는, 춤을 추기 위해 태어난 것인가 싶도록 어울렸다. 그의 춤은 큰 신체의 날렵함으로 동작 하나하나가 크고 활달해, 그 속에 웅장한 힘이 배어있었다.

펄펄 나는 춤사위와는 다르게 그의 인생은 늘 비상하려는 발목을 붙들었다. 본디 양반 가문이었으나 가난이 늘 함께 따르는 삶이었다. 부인의 건강이 좋지 못해, 농사와 가정을 돌보는 것 또한 모두 그의 몫이었다.

하지만 동이 트기 전 채비하고 나선 곳은 언제나 벼가 있는 곳이 아닌 춤이 있는 곳이었다. 눈이 오나 비가 오나 집에서 30리나 되는 전수회관을 매일 걸어 다니며, 고성오광대 모임에 빠지면 생을 다하는 것 같이 생각했다.

춤판을 전전하다 집으로 돌아가는 길엔 허기짐이 무섭게 쫓아 왔다. 남들이 볼까 싶어 건빵 한 봉지를 품 안에 숨긴 채, 그것마저도 마음 편히 털어 넣지 못하고 한 개씩 아껴 먹으며 길 위에서 허기를 달래야 했다. 아마도 어려움 속에서 굶는 일이 많았기 때문에 위암으로 세상을 떠나신 게 아닌가 싶다며 이윤석은 통한의 눈물을 훔쳐냈다.

허종복에게 허기짐 다음으로 무서운 것은, 두고 나온 농사일이었다. 춤에만 정신이 팔려있는 주인은 도통 자기 논에 심어놓은 곡식에는 시간을 내어주지 않았다. 논에 피를 뽑느라 정신이 없다는 여름 들녘, 정자 아래 촌로(村老)들은 읍내로 춤추러 가는 허종복 보고 '온 만신의 피'라고 참견을 떨었다. 밤잠을 줄여서라도 농사일을 하면 했지 고성오광대 가는 일은 빼먹을 수 없었기에, 그는 한밤중 홀로 피를 뽑으며 고성 들녘의 월광무희(月光舞戲)로 살아왔다.

타고 난 자유분방함과 뛰어난 묘사로 인간의 기쁨을 노래하던 이백(李白)에 조용배가 견주어진다면 허종복은 번민과 인간의 고뇌 속에서 아픔을 노래하던 두보(杜甫)를 연상케 한다. 동시대를 살며 당나라 시성(詩聖)으로 불리는 이백(李白)과 두보(杜甫)처럼, 한 살 터울의 내외 종간 사촌이었던 조용배와 허종복은 고성오광대의 역사를 논할 때 빼놓을 수 없는 고성 춤의 전설이 되었다.

이 두 전설에 앞서 고성오광대를 일으킨 이들이 김창후(金昌後, 1887-1965), 홍성락(洪成洛, 1887-1970), 천세봉(千世鳳, 1892-1967)이다. 남촌파의 계보를 이은 '열댓 명의 젊은이'들에 속해있었던 이들은, 1946년 가야극장 낙성식의 연희자이다. 이후 1956년, '고성오광대노리 추진위원회'를 만들어 옛 고성오광대 춤을 복원하며 초기 고성오광대의 기틀을 마련한다.

3인방 중 양반춤에 능했던 김창후는 고성오광대 모임의 중심축이 되었고, 홍성락은 권번에서 소리 선생을 지낼 정도로 소리와 북춤 등 예능에 두루 능하였다. 승무에 능했던 천세봉은 민속학자들이 채록을 오기 전, 자필로 '광대흥유순서급자담(伍廣大興遊順序及諮談)'을 정리해 고성오광대 정립에 큰 역할을 하였다. 천세봉의 가문을 조사한 성지혜의 연구에 따르면 천세봉이 고성권번을 만들어 독립운동을 지원하던 형 천응국의 외손자인 황무봉에게 춤을 가르치면서 고성의 춤이 무용계에 전달되었고, 오늘날까지 신무용의 중요한 춤맥으로 이어지고 있다고 한다. 이것은 고성춤이라는 '오래된 관례'가 지금까지도 한국전통춤의 역사를 넘어 창작품의 전개까지 관여하고 있다는 것을 보여준다.

　고성춤을 일으킨 전설의 3인방 김창후, 홍성락, 천세봉과 뒤를 이은 조용배, 허종복까지. 혹자들은 조용배와 허종복의 타계로 고성 춤의 기세가 저무는 건 아닐까 걱정했다. 하지만 고성에는 조용배와 허종복의 기량을 모두 습합 한 이윤석이 남아있었다. 고성 춤의 전설로 회자 되는 스승들의 춤을 담고 있는 이윤석의 춤이야말로 고성 춤의 최전선에서 고성오광대의 이끌고 있다.
　아마도 고성 춤의 전설들이 끊임없이 이어지고 있는 것은, 고성사람들이 믿고 있는 거류산의 효험은 아닐까. 고성오광대로 전해진 그 영험한 기세는 지금도 현재진행중이다.

변하지 않기 위해
변한다

고성오광대 회장이었던 허종복의 춤에 대한 애정은 늘 염려로 이어졌다. 하지만 일생을 바쳐 가꾸어온 고성오광대가 시대적인 흐름 속에서 어느 정도의 반열에 오르며 빛을 볼 수 있는 시대가 왔을 땐, 그의 몸이 허락지 않았다. 어쩌면 마지막일지도 모르는 춤의 시범을 보이던 날, 그는 미처 다 추지 못하고 애먼 허리춤만 다시 동여매며 숨을 고를 뿐이었다.

"나는 서산에 기우는 해다. 앞으로 고성오광대의 새로운 해는 이윤석이다."

고성오광대에게 이 말만 남긴 채 그는 4개월 후 세상을 등졌다. 보존회 회원들이 '선사시대(先師時代)'라 이야기하는 전설의 춤꾼들과 함께했던 때요, 대학교 탈패들이 이야기하는 '허종복 회장, 이윤석 총무'의 이른바 허회이총 시대가 막을 내린 것이다.

허종복의 건강이 안 좋아지며 더 이상 보존회를 이끌 수 없게 되자, 새로운 회장 선임이 화두로 떠올랐다. 모두가 내심 기대는 하면서도, 선뜻 '내가 하겠다.' 나설 수 없는 난감한 눈치싸움이 펼쳐졌다. 하지만 전임 회장인 허종복의 심중에는 자신의 뒤를 이을 후계자는 오직 이윤석뿐이었다. 이윤석의 깔끔한 운영 솜씨는 총무 시절부터 이미 정평이 나 있었기에, 회장직에 마음을 둔 스승들도 반대할 이유를 찾지 못했다.

한번은 스승들이 논의도 없이 전수회관을 '홀랑' 팔아 버린 일이 있었다. 이윤석이 총무를 맡은 후 허리띠를 졸라매며 한푼 두푼 모아 마련한 전수회관이었다. 스승들도 나름의 이유는 있었다. 그때는 자고 일어나면 이자가 붙던 시절이었기 때문에, 건물을 팔아 자기들끼리 조금씩 나누고 나머지 이자면 선사 제례를 지낼 수 있을 거라는 계산이었다. 하지만 IMF 사태가 터지며 이자가 떡값도 안 되어 버린 것이다. 이윤석이 그 사실을 알아챘을 때는 이미 늦은 후였다. 그는 그 일을 만회하기 위해 용단을 내렸다. 그 사건 이후 공연비는 개인에게 돌아가지 않고 보존회로 귀속되었다. 스승들은 본인들이 자초한 일이기에 싫다는 내색조차 하지 못하고 이윤석의 결정을 따를 수밖에 없었다.

"선생님들이 해 놓고 간 게 뭡니까?
선생님들 사후에 흔적이 있어야 한다 아입니까?
'자기들 잘 먹고 잘 쓰고 가버렸다.'
그런 얘기가 후배들한테 있어서는 안 됩니다.
선생님들이 애끼고 들 먹는 것은 자식들한테 조금이라도
줄라고 그러는 거 아입니까?
고성오광대 역시 선생님들이 부모 입장이 되어야 합니다.
고성오광대 후손들을 위해서
선생님들이 남겨놓은 흔적이 있어야 한단 말입니다."

1994년, 결국 허종복의 바람대로 고성오광대는 열 번째 회장 이윤석의 시대를 맞이한다. 그가 그간 보여준 보존회 살림 솜씨와 개성 강한 스승들을 모시며 다져진 강단만 보아도 회장의 자격은 충분했다. 심부름꾼을 자처하며 고성오광대 패를 따르던 청년 이윤석은 궂은일 도맡아 하는 총무를 거쳐, 보존회장 자리까지 오르며 스승들의 짐을 이어받게 되었다. 전수회관에 걸린 사진 속 허종복의 모습에 이윤석의 모습이 겹쳐졌다. 그는 존경하던 스승과 꽤 닮아 있었다. 오래전부터 곁에서 보아온 사람들 또한 이윤석의 첫인상을 그렇게 기억하고 있다.

"처음 회장님을 봤을 때 허종복 선생님 아들인 줄 알았어요. 무게가 있어 보이는 고목나무처럼 듬직해서 말씀 한마디를 해도 믿음이 가고, 처음 봤을 때부터 그런 분이었어요. 세상에 이런 사람 또 있나 싶게 욕심도 없고 남도 배려해 주시니까, 예능인들 사이에서 표본이 된다고 할까? 후배들한테 본보기가 많이 된다고 생각해요."
- 정영만(남해안별신굿 예능보유자)

'소농은 풀을 보고도 안 매고, 중농은 풀을 보아야 매고, 대농은 풀이 나기 전에 맨다.' 회장 이윤석의 바람은 피처럼 깊숙이 땅에 박힌 고성오광대에 대한 나쁜 인식을 뽑아내고, 알곡으로 채워진 논으로 바꾸는 것이었다. 그것의 밑바탕에는 춤으로 밥 벌어 먹고살 수 있는 기반이 필요했다.

예전에는 뭘 바라고 보존회에 들어온 것이 아니었다. 그저 밥이나 겨우 얻어먹으며 몰려다니는 것이 좋아서 한 일이었다. 노는 게 좋고, 공연 따라다니는 게 재밌어서 하다 보니 세월 속에서 자연스럽게 각자의 역할을 가지게 됐다.

안타깝게도 그간 세상이 많이 바뀌었다. 이윤석의 세대만 해도 춤판에서 소득이 없어도 '농사'라는 든든한 믿을 구석이 있었다. 하지만 지금은 대부분의 회원들이 춤과 관계없는 본업을 갖고 있거나, 아예 춤을 전업으로 하기 때문에 춤판에서 소득이 생기지 않으면 전수 활동을 이어가기 어렵다. 결국, 현실의 벽 앞에서 고성오광대를 떠나는 이들이 많아졌다. 한때 젊은이들의 '의식'으로 대변되던 탈춤의 쇠락과 함께 고성오광대의 기세도 저물어 가는 듯했다.

"술 한 잔 할래?"

고성오광대는 제대로 판을 갖추자면 30명 이상이 필요한 대형 춤판이다. 결국 이윤석 회장은 회원 모집을 위해 팔을 걷어붙이고 나섰다. 춤을 좋아하는 사람치고 술을 마다할 사람은 없었다. 이윤석은 매일 젊은이들과 포장마차에 둘러앉았다.

젊은 친구들과 대화를 이어가기 위해 못하는 술 대신 고스톱을 배우고, 젊은이들이 하는 훌라(카드놀이)까지 배웠다. 그는 젊은이들에게 내일도 고성오광대에 오고 싶은 이유를 만들어 주고 싶었다

회장이라는 권위를 내려놓고 격이 없게 대해주니, 전수회관은 젊은 기운으로 조금씩 살아나기 시작했다. 그리고 아내에게 약속했듯이, 고성사람들에게 약속했다. "전국 어디든 비행기를 타고 가는 해외라도 고성오광대를 부르는 곳이면 어디든 달려가겠노라."

"오광대는 자기 일을 갖고 열심히 살면서
우리 문화를 지켜가는 사람들이다."

그의 노력 덕분에 고성오광대는 회원들이 춤만 춰도 밥 벌어 먹고살 정도로 탄탄한 단체가 되었고, 사람들은 더 이상 그곳을 한량들이나 기웃대는 곳이라고 손가락질하지 않는다. 오히려 가장 부지런하고, 가장 고성다운 일을 하

'이회황총'의 고별

'이윤석 회장, 황종욱 총무'라는 이회황총의 시절도 고별이다. 보존회 부회장으로 물러난 황종욱(뒷줄 검은 옷)이 말했다. "고별이 맞지요. 보이소, 고성의 별!" 고성의 제자들은 무용수, 연주자, 연희패가 되어, 무대에 오르고 해외에도 나가고 영화나 드라마에도 출연한다.

는 사람들이 모이는 곳이라 믿고 있다. 이윤석이 그려왔던 새로운 고성오광대의 모습은 점점 실현되기 시작했다. '이윤석 회장, 황종욱 총무'의 이회황총 시대를 이어오며, 오랜 시간 회장과 총무로 합을 맞춰온 황종욱은 언제나 '우리 회장님은요.'라고 하며 말문을 열었다.

"우리 회장님은요. 늘 중도(中道)의 길을 가십니다. 굉장히 민주적이고 중심이 있으신 분이라고 생각합니다. 어떤 일에 있어 절차가 정당하냐, 민주적이냐를 가장 중요하게 생각하십니다. 덕분에 저희가 낸 의견이 절차가 정당하고 과정이 민주적이면 그게 어떤 일이든 허락해주십니다. 언제든 '그래 해봐라!'라고 믿고 말해주시니 다양한 걸 시도해 볼 수 있었고, 러한 과정이 지금의 탄탄한 고성오광대를 만들었다고 생각합니다."
- 황종욱(현, 고성오광대 부회장)

그는 이윤석의 경영능력만큼은 우리나라 전통예술단체 중에 따라올 사람이 없다고 단언했다. 고성오광대의 역사상 가장 많은 사업을 해온 보존회장이며, 자체 경영을 통해 7~8명의 직원 임금을 주는 전수단체로 키운 것은 이례적인 일이기 때문이다.

그럼에도 이윤석은 욕심부리지 않았다. 예술단체가 사업비를 받는 것은 정당하지만, 운영비는 독자적인 경영으로 해결하자는 것이 그의 지론이다. 다른 단체들이 보기엔 '고성오광대'나 '이윤석' 정도면 지원이 좋을 텐데 뭐하러 그러냐고 묻기도 한다. 그럴 때면 그는 되묻는다.

"그게 니 돈이가? 그게 국민 세금 아니가.
국민 세금을 가지고 왜 그리 써야 하나?
우리가 못 벌면 적게 먹고 우리가 잘 벌면 베풀면서 살면 된다."

그의 이런 경영철학 덕분에 고성오광대는 자생력을 가진 단체가 되었고, 이제는 고성문화를 이끌고 있다.

이윤석이 회장을 맡아오며 가장 노력한 것은 다름 아닌 '후배들에게 가난을 대물림하지 말자.'이다. 지금은 보존회라는 것이 지원금이나 받아가면서 소소하게 운영하면 세상 편한 시대가 왔다. 하지만 고성오광대에게는 그동안 일군 전수회관이 있지 않은가. 이윤석에게 '운영'이란 돈을 버는 것뿐만 아니라, 사람들이 찾아와서 공간이 활용되는 것 또한 포함된다. 사람이 모이려면 좋은 프로그램을 만드는 것이 우선이다. 그래서 고성오광대는 그 어떤 예능보존회보다도 교육, 공연, 프로그램들을 활발히 확장 시켰다. 덕분에 고성오광대 전수회관은 1년 중 300일은 문이 열려있다. 4만 명이 넘는 전수생과 구성원들의 노력 그리고 늘 변화하고 화합하려는 이윤석이란 큰 울타리 있었기 때문에 가능했던 기적 같은 결과이다.

'변하지 않기 위하여 먼저 변한다.'

고성오광대는 변하지 않기 위해 오늘도 변화하고 있다. 전수비는 1974년에 1만원으로 시작해 40년이 지날 동안 겨우 1만 원이 올랐다. 하지만 아궁이를 놓고 시작한 보존회는 연탄불, 가스 불을 지나 지금은 삼시 세끼 급식을 제공해주는 건실한 전수단체가 되었다. 아마도 전수단체 중에 급식을 시작한 건 최초가 아니었을까.

이제는 학생들에게 개별취사를 하라고 하면 고개를 절레절레 젓는다. 그만큼 시대가 바뀌었고 전수생들의 상황도 달라졌다. 이제 전수단체도 그에 어울리게 변화해야 한다. 80년대에는 탈춤붐이 일어나면서 전수생들이 저절로 찾아오던 시대였다면, 지금은 우리 것을 배우겠다고 와주는 것만으로도 너무나 감사하게 된 시대이다. 전수단체가 변해야 전통을 잇고 싶어 찾아오는 이들을 맞이할 수 있다. 그래야 그가 평생 지켜온 고성오광대를 앞으로도 지켜나갈 수 있다.

그렇지만 변하지 않는 것이 있다. 전수에 대한 회원들의 고집이다. 고성오광대 회원들은 여름, 겨울 두 계절을 온전히 학생들의 전수에만 쏟는다. 일주일이면 스쳐 갈 인연이라고 생각하지 않고 늘 학생들과 함께 부대끼며 관계를 만들어 왔다.

2020년은 '코로나(COVID)-19'로 인해 첫 전수가 시작된 이래 45년 만에 처음으로 전수가 멈추었다. 또한 고성오광대의 가장 큰 행사인 정기공연에서는 마스크를 쓰고 고사를 지내는 진풍경이 펼쳐졌다. 더 큰 문제는 무관중으로 공연을 해야 하는 것이었다. 관객의 호응을 받아 함께 어울리는 맛으로 추는 마당춤을, 카메라 너머의 대꾸 없는 관객을 상대로 춤을 추어야 하는 것이다. 40년이 넘게 춤을 추어오며 처음 겪어 보는 상황들의 연속이었다. 덕분에 한 해 동안 참 많은 것이 변했다. 하지만 시대의 상황에 맞게 바뀌는 것 또한, 시대를 표현하는 탈춤의 본질에 닿아있다고 생각한다. 이윤석은 비어있는 연습실을 바라보며 이 또한 변화 속의 한 장면이겠거니 애써 위로하고 있다.

지금은 잠시 지독한 여름 장마를 지나는 중일 뿐이다. 설사 여름 장마에 빈손으로 가을을 맞이하더라도, 농사꾼은 그 허무함을 잊은 듯 다음 해가 되면 또 논에 벼를 키울 것이다. 농사꾼의 야속한 숙명처럼 지금의 변화 속에서 조급해하지 않고 고성오광대가 할 수 있는 일을 찾다 보면, 춤이 그리운 청춘들은 다시 고성을 찾을 것임을 이윤석은 믿고 있다.

가을

Fall

춤추는
농사꾼

탈판행장

제5과장 중 황봉사 경문

농사꾼의
숙명

"내는 농사꾼이라 사는 게 단조로워가 별게 읍다."

오늘도 낡은 자전거에 삽 한 자루 꽂아 넣고 집을 나선다. 새벽 찬 이슬로 세수를 하며 논밭을 한번 슥- 돌아보는 것으로 이윤석의 하루는 시작된다. 논밭을 둘러보는 일은, 아내에게도 양보할 수 없는 그만의 고유권한이다. 매일 아침별을 보며 들에 나가 저녁별을 보고 집에 들어오는 것이 농사꾼 일생이다. 눈을 뜨면 논부터 직행하는 습관은, 어미의 뱃속에서부터 시작돼 평생을 두고 길들여진 관성의 법칙과도 같다. 그는 이 관성 덕분에 삽자루 들 힘만 있으면 기필코 논으로 나섰다. 하지만 겸손한 농사꾼은 그것이 별거 아니란 듯, 자기 게으른 탓만 하고 있었다.

'논에 한 번 더 가면 쌀 한 말 더 얻는다.'는 말처럼, 벼는 농사꾼의 발자국 소리를 듣고 큰다. 논이 떠내려가는 것도 아닌데 아침, 저녁으로 논을 둘러봐야 마음이 놓이는 그의 고집스러움을 알아주기라도 하는 걸까. 입추(立秋)의

벼는 돌아서기 무섭게 한껏 키가 자라고 있었다.

말복이 지나지 않은 팔월 더위에 농사꾼들은 신설 놀음 중이었다. 예전에는 한낮이 되면 이윤석의 집 앞 아름드리나무 밑 정자로 동네 사람들이 모여들었다. 정자의 터줏대감인 하릴없이 참견 많은 노인네들은, 건너 민둥산에 소 메는 것 하나 그냥 두고 보질 못했다. 이제 그 구심점은 마을 어귀 정자에서 에어컨 나오는 마을회관으로 바뀌었다. 하지만 들녘에 나가기엔 노쇠해진 '철 지난 농사꾼'들은 여전히 모여앉아 남의 농사에 훈수나 두고 있었다.

이윤석 또한 몇 해 전부터 '철 지난 농사꾼'에 합류하였다. 30년 동안 주력으로 해오던 비닐하우스 농사를 접고, 가진 땅에 부부가 먹을 것과 자식들에게 보내줄 정도만 소일거리삼아 짓고 있다. 농사라는 것은 크든 작든 품이 들긴 매 한 가지이다. 왜 다 정리하지 않았냐는 질문에, 그는 '촌에 사니까'라며 간단명료하게 정리했다. 농사꾼만이 할 수 있는 대답이었다.

이맘때 더위는 이윤석에게 더없이 고마운 존재이다. 그 핑계로 낮에는 보존회 일을 마음 놓고 볼 수 있기 때문이다. 결국 오늘도 다 저녁때가 되어서야 트랙터에 시동을 걸었다. 덕분에 해가 지도록 불을 켜놓고 일하는 그를 보며 동네 사람들은 "윤시이(윤석이) 참 일 엄청 시리 한다."며 추켜세웠다. 실상 일하는 시간이 그리 길지 않은데, 생색내기엔 좋은 수였다.

이윤석은 오전에 보존회 일을 서둘러 마무리하고 집으로 달려갔다. 바람이 심상치 않아 키가 커다란 고추를 지지대에 한 번 더 고정시켜 줄 생각이다. 고추가 잘 되면 농사가 재미나는데, 올여름은 비가 많이 와서 빗물과 상극인 고추 농사가 흉작이다. 두렁만 봐도 논 주인 성격이 보인다더니, 고추밭 고랑에

풀 한 포기도 허락하지 않는 깔끔은 아내의 작품이다. 그는 아내와 고추 끈을 이어 잡고 앞서거니 뒤서거니 하며, 밀렸던 고해성사를 하기 시작했다.

이윤석   내 한창 나다니고 할 때는 당신 혼자 이거(농사일) 다 했다 아이가. 지금 와서 생각하면 '당신이 잘 받침 해주니까 내가 지금까지 잘 올 수 있었고, 내가 장가는 너무 잘 갔다.' 싶다. 나한테 최고의 행운은 우리 조여사를 만난 것이다.

조용순   옛날 생각하면 요즘 하는 거 3분의 1만 해줬어도 살기가 편했지. 그땐 늘 거기(고성오광대) 일이 자기 일이고 먼저다. 집은 잠깐 들르는 곳이지. 말로서는 표현을 몬 하겠다.

이윤석   요새는 틈만 나면 '무슨 일을 해야 할까?' 내는 그 생각밖에 안 한다. 집에 일을 몬 해주긴 했어도 내가 쓸데없이 돌아 댕기진 않았다.

조용순   쓸데 없이 돌아다녔으면 벌써 남 됐제.

급소를 찌르는 아내의 한방에 민망한 듯, 그는 대뜸 노래를 불러 재꼈다. '가뭄으로 말라 터진 논바닥 같은 가슴이라면 너는 알겠니'로 시작하는 가사는 그의 진심을 대변하는 듯, 울컥 터져 나왔다. 그의 애창곡인 최백호의 '애비'다. 고추나무 사이에서 부르는 세레나데에, 아내는 소리 없이 웃어 보였다. '힘든 시절을 다 보내고 이제야 서운함 없이 들을 수 있는 남편의 노래를, 앞으로 얼마나 더 들을 수 있을까.' 오늘따라 남편의 노래가 여름날 마당가에 앉아 빨아먹던 사루비아 꽃처럼 달달하고 아쉽게 느껴지는 아내다.

이제 농사꾼이 결실을 거두는 가을이 되었다. 가을에 벼 이삭을 털어 쌀과 내년에 쓸 씻나락을 구분하고, 이듬해 봄 그 씻나락을 담가서 싹을 틔워 기르면 모가 된다. 그 모를 논에 심으면 벼가 되고 그것이 익어 껍데기를 벗겨내면 다시 쌀이 되어 밥상에 오른다. 그 수고스러움이 팔십 팔 번의 공정을 들인다고 하여 쌀 미(米)자는 팔십팔(八十八) 석자를 줄여서 만들었다.

"쌀 한 톨을 만드는데 팔십팔 번의 손길만 가겠는가.
백 여덟 번, 천 여덟 번도 더 손길이 닿아야
한 톨의 곡식이 우리의 입으로 들어오는 것이다."

    이윤석은 농사꾼이라면 겪어야 하는 그 수고스러움을 한 번 더 강조했다. 논농사의 명분이 '타고난 숙명'이라면 밭농사의 명분은 '자식'이다. 밭에 심은 깨와 고추는 출가한 자식들에게 연락할 수 있는 좋은 명분이다. 그 핑계로 얼굴 한 번 더 보고, 목소리 한 번 더 들을 수 있으니 농사꾼은 밭농사에 소홀할 수 없다. 마당에 널어놓은 고추가 투명하게 말라갈 즈음이면 자식들에게 전화를 걸어볼 수 있을 것이다. 가을밤이 실감 나게 귀뚜라미가 울어대는 통에 이윤석 부부는 추석이 언젠가 싶어 자꾸만 달력을 쳐다보고 있다.

농사꾼의
기본기

처서(處暑)가 되면 농사꾼을 대신해 가을볕이 벼를 키우기 시작한다. 가을의 마른 햇살을 충분히 머금은 벼는, 나락이 입을 벌려 하얀 벼꽃을 피워낸다. 벼는 이삭이 패기 시작하면 단 두 시간만 꽃을 피워 5분 안에 수정을 끝낸다. 무심히 지나치면 볼 수 없는 꽃이기 때문에, 늘 관심을 갖고 논을 돌아보는 농사꾼만이 볼 수 있는 비밀스러운 광경이다. 아침 해를 몰고 집으로 들어온 이윤석은, 처마 밑에서 늘 반겨주던 제비 가족이 떠난 빈 둥지가 섭섭했다. 한 지붕 아래에서 함께 자식을 길러낸 정 때문인지, 아침밥 뜸 드는 냄새에 타향살이 간 자식마냥 소식이 궁금해지는 가을 아침이다.

벼가 영글고 있는 그의 논 너머에는 비닐하우스 단지가 줄지어 있다. 쌀값이 떨어지면서 농사꾼들은 논농사에서 비닐하우스로 눈을 돌렸다. 덕분에 사계절 내내 작물을 길러낼 수 있어, '농한기'라는 말은 이제 농촌에서 사라진지 오래이다. 죽 늘어선 비닐하우스에는 제철을 맞은 방울토마토가 새빨간 자태로 주렁주렁 매달려있었다. 이윤석은 방울토마토가 가장 맛있게 자란다는 고성 땅, 그중에서도 최고라는 마암면에서 몇 해 전까지만 해도 방울토마토 농사를 지었다.

30년 동안 비닐하우스 농사를 지으며 안개꽃, 국화, 수박, 옥수수, 오이, 고추까지 안 해 본 게 없지만, 그걸로 크게 재미 본 적은 없었다. 특수작물을 해서 돈을 남기려면 부부가 하루종일 붙어서 같이 일을 해야 한다. 하지만 바깥일이 바쁜 이윤석을 대신해 늘상 일꾼을 부르다 보니 남는 게 없는 장사였다. 거기다 이윤석은 동네에서 농사 운 없기로 알아주는 인물이었다.

"우리 회장님 농사짓는 실력이야 누구든 인정하는 '농사도사'지요. 근데 농사로 돈 버는 것엔 영 소질이 없습니다. 방울토마토 농사를 짓다가 돈이 안 돼서 안개꽃으로 작물을 바꾸면, 그해 방울토마토 가격이 대박을 칩니다. 또 안개꽃을 하다가 다시 방울토마토를 심어볼까 해서 작물을 바꾸면 그해 안개꽃이 대박이 치는 겁니다. 이렇게 돈을 피해가기도 힘들겠다 싶을 정도로 그간 참 잘 피해 다니더라고요."
- 황종욱(현, 고성오광대 부회장)

그렇다고 누굴 원망할 수 없었다. 처음 비닐하우스 농사를 하자고 제안한 것 또한 그였기 때문이다. 춤추러 다니느라 벌어다 주는 돈이 없으니, 이렇게라도 없는 살림을 채워볼 요량이었다. 아내 또한 그 제안이 솔깃했다. 비닐하우스 농사짓는 사람들 사이에는 '놀아도 하우스 가서 놀아라'는 말이 있다. 그만큼 손이 많이 가는 농사이다. 아내는 이거라도 하면 남편이 집에 좀 붙어있을까 싶은 기대로 승낙을 했다.

부부의 동상이몽은 결국 아내에게 일만 보태고 말았다. 고성오광대 일을 보러 나가는 남편을 대신해, 10kg나 되는 박스를 밀고 다니며 토마토를 따고,

이슬털이

가을 아침, 새벽이슬이 기다란 벼 이파리 끝을 한껏 당기며 아침 햇살을 머금고 있었다. 사악-사악- 이슬 맺힌 벼를 헤치고 나아가는 이윤석의 바짓단에는 아침을 담은 이슬 자국이 옮겨 남았다. 부지런한 농사꾼만이 남길 수 있는 흔적이다.

그것을 크기별로 선별해 포장작업을 하는 것까지 대부분 일은 아내의 몫이 되었다. 하지만 이윤석이라고 편할 리 없었다. 작물을 새벽 경매에 올리기 위해 한밤중에 마산 공판장까지 실어나르는 것은 그의 몫이었다. '내가 왜 이걸 하자고 했을까' 제 발등을 찍은 후회가 밀려들 정도로, 고성오광대 활동을 마치고 공판장을 오가는 일은 더없이 힘들고 벅찬 일과였다.

결국 국화를 재배하던 시절 사달이 나고 말았다. 국화는 김해 대동공판장과 부산 사하구공판장에 새벽 경매를 보내야 한다. 하루는 꽃 작업이 일찍 끝난 김에 초 저녁밥을 먹고 서둘러 공판장으로 출발했다. 그런데 마산쯤 지나니 잠이 쏟아지기 시작했다. 이러다 공판장이 아니라 황천길 먼저 가겠다 싶어, 마산 진영 휴게소에 차를 세웠다. 머리를 기대고 잠들려는 찰나, 갑자기 밖에서 웅성웅성하는 소리가 들려왔다. 무슨 일인가 싶어 밖을 내다보니, 날이 밝아 오고 있는 것이 아닌가. 잠깐 눈만 감았다 생각했는데, 그 사이 몇 시간이 훌쩍 지나버린 것이다. 시계를 보니 경매까지는 한 시간이 채 남지 않은 상황이었다. 과속딱지는 차후의 일이고 일단 김해까지 악셀을 밟았다. 다행히 간발의 차이로 경매시간을 맞출 수 있었다. 꽃을 넣어놓고 나오니 온몸에 힘이 풀려, 점심이 넘어서까지 그대로 차에서 잠이 들어버렸다.

며칠 뒤 과속딱지가 날아왔는지는 알 수 없다. 하지만 한 가지 확실한 것은 고성바닥에서 과속딱지를 제일 많이 뗀 사람이 이윤석이라는 것이다. 그는 비닐하우스와 전수회관을 쏜살같이 오고 가기 위해 오토바이도, 자동차도 동네에서 가장 먼저 샀다. 들판과 춤판을 쏘다니는 통에 그의 오토바이 엔진은 식을 새가 없었다. 그나마 운전이라도 했으니 춤판과 논을 오가며 두 집 살림을 잘 해올 수 있었다. 덕분에 전수생들 사이에서 빨간 시티백 오토바이는 그의 트레이드 마크가 되었다.

그러다 오토바이에서 자동차로 바뀌게 된 것은 꽤나 즉흥적이었다. 어느 날 한 동네에 사는 고성오광대 회원인 이호원이 면허 시험을 치러 간다며 같이 가자고 찾아왔다. 이왕 면허시험장까지 온 김에 '나도 한번 해 볼까' 싶어 그 자리에서 학과시험에 응시한 것이 85점이라는 고득점으로 덜컥 합격하고 만다.

그때는 학과시험을 통과하면 바로 주행시험을 볼 수 있었다. 학과시험은 운으로 통과했지만, 운전대 한번 잡아본 적 없이 주행시험은 무리였다. 그러나 시험 조교가 '한번 해 보겠습니까?' 묻는 순간, 무슨 배짱이었는지 '한번 해봅시다.' 하고는 겁도 없이 운전석에 앉아버렸다. 조교가 출발신호를 보내자, 그는 발에 닿는 걸 무조건 냅다 밟아 버렸다. 그 순간 차가 획-하고 경계석을 넘어 붕 날아오르더니, 언덕 위에 착지하고 말았다. 시험장은 그 때문에 아수라장이 됐다. '이 양반이 누구 죽이려고 그러나!' 조교가 헐레벌떡 쫓아와 이윤석을 차에서 끌어내리는 것으로 무모한 도전은 일단락되었다. 그날의 일은 굴욕적이었지만, 학과시험에 붙은 게 아까워 결국 운전면허 학원을 끊어 면허증을 손에 쥐었다.

'면허증만 따 뭐하노. 차가 없는데.' 이윤석의 볼멘소리를 들은 후배가 부산에서 이 백만 원을 주고 중고차를 구해왔다. 그의 첫차는 십 년 넘은 더블캡 트럭이 되었다. 시승식 겸 동네만 뱅뱅 돌다 보니 또 발동이 걸렸다. '에이, 가보자!' 겁도 없이 첫 시승에 마산으로 넘어가 버렸다. 처음치고는 큰 어려움 없이 잘 간다 싶던 찰나, 오르막길을 만나게 된다. 하필 신호에 걸려 서는 바람에 차 시동이 꺼져버렸다.

초보운전자에게 가장 당황스러운 순간이었다. 어떻게 해도 시동은 걸리지 않았고, 점점 신호는 다가오고 있었다. 여지없이 뒷 차들의 아우성이 빗발쳤다. 1초가 10년처럼 흘렀고, 머릿속은 면허시험장의 출발 대기선에 서 있는 순간처럼 백지장이 되어버렸다.

"오르막에서 시동이 꺼지면
사이드 브레이크를 '이빠이' 당겨놓고. 클러치에 발을 살짝 떼면서
악셀을 밟고 사이드 브레이크를 놓으면 시동이 걸린다."

    그때 번뜩, 구원의 목소리처럼 어디선가 주워들었던 이야기 하나가 떠올랐다. 누가 말했는지 기억조차 안 나는 깊은 무의식 속 대화였다. 마지막 기회였다. 춤의 걸음마를 떼듯, 기억 속 매뉴얼을 하나씩 따라 했다. 아! 다행이었다! 크게 울렁이며 걸리는 트럭의 시동 소리에 심장도 같이 뛰었다. 간신히 지옥 구덩이에서 구출되고 나니, 그제서야 뒷차에게 미안한 마음이 몰려 왔다.

'사람들에게 더 피해 주지 말고 내가 다른 곳으로 빠지는 게 도와주는 것이다.'

    바로 앞에 보이는 한적해 보이는 골목으로 핸들을 꺾었다. 우회전해서 골목에 진입하는 순간, 맞은편에서 쌍라이트를 켠 채 차들이 일제히 그에게 달려들었다. 헉! 이번에는 '일방통행'이었다. 다시 한번 도로 위는 이윤석 때문에 시끄러워졌다. 마주 오는 차에서 고함과 클락션 소리가 매섭게 날아왔다. "야, 참 경황이 없는기라." 인생 최대의 위기를 한꺼번에 두들겨 맞은 기분이었다. 그날의 '마산 탈출기'는 지금 떠올려도 오금이 저려 온다. 대찬 성격의 이윤석을 벌벌 떨게 만든 그 날의 일은 전수생들을 가르치며 두고두고 회자 되었다.

"춤판 위에서도 똑같은 기라.
춤의 마당에서 길을 잃었을 때, 춤꾼이 기댈 수 있는 것이 무엇인가.
그건 잘 익힌 기본춤이다. 기본이 바로 서야 춤이 사는 것이다."

농사꾼의
결단

 이윤석에게 들판과 춤판을 오가는 것은 '초보운전자의 마산 탈출기'와 같았다. 둘 중 어느 것 하나 전담하지 못했기에 언제나 선택과 결단의 연속이었다. 그는 늘 춤판으로 갈 것이냐, 들판으로 갈 것이냐는 물음표 앞에 서 있었다. 예전의 스승들은 춤과 농사 중 언제고 춤이 먼저인 사람들이었다. 이윤석처럼 두 가지 모두를 놓지 못한 회원들은 남들보다 더 어렵게 농사를 짓고 더 어렵게 춤판에 참여할 수밖에 없었다. 덕분에 그의 농사에는 몇 번의 위기가 찾아왔다. 모두 농사에 전념하지 못하고 춤판을 기웃대던 농사꾼 때문에 벌어진 일이었다.

 몇 해 전 늦가을이었다. 겨울작물은 정식을 한 후 냉해를 예방하기 위해 열풍기를 설치해 놓아야 한다. 그런데 그해는 그럴 새도 없이 때 이른 추위가 찾아왔다. 늘 고성오광대 일부터 먼저 챙기다 보니 비닐하우스 일은 언제나 뒷북이었다. 그해도 난방기 설치를 차일피일 미루다 결국 큰코다친 것이다.
 임시방편으로 비닐하우스에 땅을 얕게 파서 알코올 통을 묻고, 거기에 불을 붙여 놓았다. 그러면 밤새도록 불씨가 타오르면서 공기를 데워, 작물이 얼지 않는다. 유난히 추웠던 그 날은 불꽃이 더 많이 올라오도록 알코올 통을 열어놓았다.

새벽 2시경, 걱정 많은 농사꾼은 눈이 번쩍 떠졌다. 불꽃이 크면 알코올이 빨리 타 버리기 때문에, 혹시나 불씨가 꺼졌을까 걱정이 되었기 때문이다. 곧장 비닐하우스로 향하니, 마침 이웃 비닐하우스 주인도 도착해 있었다. 비닐하우스 세 동을 돌며 불씨를 다 확인하고 마지막 남은 알코올통 마저 불을 붙이려는 찰나, 방심한 순간 일이 일어나고 말았다. 한 손에 알코올 통을 든 채로 다른 한 손에 들고 있던 신문지에 불을 붙여 버린 것이다. 그 순간 알코올이 묻어 있던 통으로 순식간에 불이 옮겨붙었다. 순간적으로 들고 있던 통을 땅에 놓치면서, 알코올이 바닥에 쏟아져 불길은 더 크게 치솟았다.

이윤석의 비닐하우스에서 불길이 솟구치는 것을 본 이웃은 허둥지둥 안으로 뛰어들어왔다. 이웃 남자는 급한 마음에 입고 있던 겨울 잠바를 벗어서 불을 내려쳤다. 설상가상으로 휘두르는 잠바가 풀무질이 되어 불씨는 더 커졌고, 고랑에 고인 물과 알코올이 잠바에 범벅이 되어 사방으로 불꽃이 튀기 시작했다. 결국 불씨는 이윤석의 얼굴과 이웃 남자의 옷으로 옮겨붙었다. 이윤석은 본인 얼굴이 타들어 가는 와중에도, 혼비백산하며 춤을 추고 있는 이웃 남자부터 살려야겠다는 생각뿐이었다. 생각은 반사신경처럼 반응했다. 곧바로 흙바닥에 남자를 메다꽂아 젖은 흙은 비벼 불을 끄기 시작했다. 그 덕분에 이웃남자의 불길은 잡았지만, 본인 얼굴은 이미 늦어 버린 후였다. 정신을 차려보니 벌겋게 벗겨진 화상이 꽤 깊었지만 내일 강원도로 친목회를 떠나는 아내가 걱정할까 싶어, 그는 이것만큼은 아내에게 보고하지 않았다.

다음날 아침, 남편 얼굴을 본 아내는 사색이 되었다. 그는 '옆에 사람이 있다고 통증이 없어지는 것도 아니니 잘 다녀오라'며 태연한 소리를 해댔다. 안 가겠다는 아내를 억지로 보내놓고는, 화상에 좋다는 생감자를 갈기 시작했다. 생감자를 화상 흉터에 덕지덕지 붙여 놓고 보니 얼굴이 영 형편없었다. 아내가 없으니, 오래 누워있지 못하고 다시 비닐하우스로 향했다. 늦가을 찬바람에 얼굴이 얼마나 따갑고 당기던지, 얼굴 속까지 아려왔다. 다시 집으로 뛰어들어와, 찬장에 있는 참기름을 얼굴에 흠뻑 쏟아붓고 나서야 고통은 진정되었다. 게으름의 대가가 이토록 혹독했다.

"비닐하우스는 내한테 종교다! 안 나가면 벌 받는기다."

참기름 냄새 풀풀 나던 얼굴엔 그 흉터가 남아, 추운 겨울이 되면 발갛게 올라온다. 그날 이후 춤판과 들판 사이 선택의 기로에 설 때면, 혹독하게 치른 인생의 수업료가 번뜩번뜩 욱신댔다.

하지만 문지방이 닳도록 오가며 이미 길을 내 놓은 춤판을 외면한 채, 잡초 무성한 들판으로 가기란 쉽지 않았다. 결국 6년 전, 또 한 번의 위기로 30년간 해온 비닐하우스 농사를 아예 접는 결단을 내리게 되었다.

비닐하우스는 4~5년에 한 번씩 씌워져 있던 비닐을 걷어 내고 새 비닐로 갈아줘야 한다. 그런데 하필 중국 공연이 잡혀 버린 것이다. 떠나기 전 미리 비닐을 걷자니 그사이에 비라도 오면, 땅을 말리느라 일주일은 공치게 될 게 뻔했다. 결국 고민만 하다 정작 비닐은 어쩌지 못하고 일단 공연을 하러 중국으로 떠나버렸다. 공연을 마치고 돌아오니, 밀린 농사일이 몰아쳤다. 방울토마토 모종을 다 맞춰 놓았기 때문에 지체할 시간이 없었다.

새 비닐을 씌울 때는 비닐이 바람에 안 날리게끔 줄을 촘촘히 묶는 것이 중요하다. 하지만 그는 한순간 방심으로 비닐하우스를 태워 먹을 뻔한 일은 벌써 잊은 듯했다. 일단 바람에 날리지만 않게 듬성듬성 묶어놓고는, 고성오광대 일부터 보러 나가 버린 것이다.

결국 며칠 뒤, 또다시 대가가 불어 닥치기 시작했다. 이제 모종 심을 일만 남았는데, 태풍이 올라온 것이다. 태풍이 고성에 상륙한 아침, 80m나 되는 비닐하우스의 끄트머리 쪽에서 비닐이 펄럭이기 시작했다. 비닐하우스는 한 군데라도 바람이 타기 시작하면, 싹 다 날리는 건 한순간이다. 도움 청할 새도 없이 4m가 넘는 비닐하우스에 올라타, 뒤늦게 비닐을 고정시키기 시작했다. 중간 정도 왔을까. 갑자기 큰바람이 탁! 하고 불어닥쳤다. 그 순간 80m짜리 비닐하우스의 개폐기 쇠파이프가 이윤석의 머리 위로 날아갔다.

그는 살기 위해 그 높은 비닐하우스에서 후딱 뛰어내렸다. 땅에 내려와서 뒤를 보니, 순식간에 비닐이며 하우스 철장이 종잇장처럼 싹 다 날아가고 있었다.

"그거 맞으면 그냥 가삐는 기다."

이윤석은 그길로 비닐하우스 농사를 접겠노라 선언했다. 사실 그 일을 핑계 삼아, 이참에 일만 보태던 비닐하우스를 접은 마음도 있었다. 운이 좋게도 비닐하우스를 내놓자마자 사겠다는 사람이 바로 나타나면서, 비닐하우스 농사는 속전속결로 정리되었다. 비닐하우스 농사를 도맡아 온 아내는 '한 2년만 더 하고 싶었는데'라며 서운한 내색이었지만, 남편은 뱉은 말을 번복할 리 없는 사람이었다.

농사꾼 욕심이라는 것이 올해 조금 아쉬웠으니 내년엔 한번 제대로 해보고 그만둬야겠다 하면서, 한 해만 더 하다가 5년 더 하고 10년 더 하게 되는 것이다. 그때 비닐하우스가 팔리지 않았다면 또 밑천 들여 비닐하우스를 새로 지어 농사를 시작했을 것이다.

결국 이윤석의 제안으로 시작했던 30년의 비닐하우스 농사는, 다시 한번 그의 결단으로 마무리가 되었다. 오랜 시간 농사꾼의 욕심으로 놓지 못한 일이 단 한 번의 사건으로 정리될 수 있다는 것은, 칠십 평생 농사를 지으면서도 처음 겪는 일이었다.

사실 농사꾼에게 '결단'이라는 것은 어쩌면 숙명과도 같았다. 농사를 짓는 매 순간이 선택의 연속이다. 올해 무슨 작물을 심을지부터, 방울토마토는 몇 두둑을 심을 것인지, 곁순을 따 버릴 것인지 말 것인지까지 무수히 많은 선택의 순간들은 농사꾼을 단련시켰다. 무대의 춤도 마찬가지였다. 이 동작으로 갈지 저 동작으로 갈지 순간순간이 춤을 만들었다.

가끔 선택과 결정에 오류가 나기도 하는데, 그것은 언제나 농사꾼의 욕심에서 비롯되었다. 고성오광대 선배 부부가 수박 농사를 지은 해였다. 수박은 열매를 속아내는 작업이 가장 중요하다. 양분이 한정적이기 때문에 한 개의 열매만 남겨두고 나머지 열매들은 잘라내는 것이다. 그래야 남은 열매가 오롯이 땅의 양분을 먹고 큰 수박으로 자라날 수 있다.

부부는 수박 두둑을 가운데에 두고 양쪽으로 나란히 앉아, 무성한 수박 줄기 사이를 더듬었다. 양쪽에 매달린 수박 중 어느 것이 모양이 좋고 앞으로 클 가능성이 있는가를 짐작해서 나머지 한 통은 따 내버리는 작업이었다. 아무리 노련한 농사꾼이라도 이미 주먹만치 자란 자식 같은 수박을 제 손으로 미련 없이 따 버리기란 쉬운 일이 아니다.

"그때부터 시골 아줌마가 욕심이 생기는 기라. 그걸 따 내 삐지 못 하는 기야. 그라믄 냄편이 '그쪽에 있나?'고 물었을 때 '이쪽에 읎다.' 하고 그냥 내비 두는 기지. 헌데, 시간이 지나믄 다 표가 난다. 낭중에 냄편이 수박밭을 돌다가 이상하게 수박이 잘 안 큰다 싶어 확인해보믄, 양 쪽에 수박이 다 달려있는 기야. 그러면 그해 농사 망하는 기다."

작은 욕심이 일 년 농사를 망칠 수 있다. 매일 돌보며 기른 정은 잠시 접어두고, 모질고 단호하게 선택을 해야 한다. 때문에 농사야말로 경력과 지혜가 필요한 고난이도의 직업이다. 까막눈의 농사꾼이라도 수십 년의 경험으로 만든 통계치가 농사꾼의 몸에는 저장되어 있다.

"농사꾼은 이파리에 생긴 조그만 반점 하나로도, 올해 농사의 흥망을 점친다."

춤판과 들판을 오가는 그의 고단함을 아는 이가 수경재배를 제안했다. 토경재배는 병충해가 많이 생기고, 쪼그리고 앉아 작업을 해야 하는 수고스러움이 있다. 반면에 수경재배는 허리를 쭉 펴고 일 할 수 있고, 연작 피해 걱정도 없기 때문에 비닐하우스 농사꾼들에게는 솔깃한 이야기였다. 옛날처럼 봄내 여름내 사등이뼈 휘어지게 일하던 시대는 가고 농사꾼이 살만한 시대가 온 것이다. 하지만 이윤석의 생각은 달랐다. 아무리 신정이 좋다 한들 어찌 구정을 버릴 수 있겠는가.

"그렇게 해서 토마토를 먹을 바에는 양분을 아구지에 털어 넣는 게 좋지 않나!"

이윤석은 흙을 믿는 사람이다. 그것이 아버지로부터 배운 농사꾼의 신념이다. 그는 '토양에서 자연적으로 생기는 양분이야말로, 그 어떤 좋은 영양제에 비할 게 못 된다'며 흙에 대한 믿음 하나로, 헛된 욕심을 부리지 않고 농사를 지어왔다. 흙에 대한 믿음에서 나오는 배짱이면서 강단이다. 그에게는 본인의 선택에 있어 겁이 없고, 책임질 수 있다는 자신감이 있다. 그래서인지 그의 춤에는 흙냄새가 진하게 배어있다. 그리고 그런 흙에 대한 믿음은 자연스레 그의 인생에도 관여하고 있었다. 그 또한 이 땅에서 자란 작물이기 때문이다.

방울토마토를 선별기에 넣으면, 그 작고 조그만 방울토마토들이 컨베이어벨

가득 한 빈자리

아무개 집 개새끼의 가계도까지 입방아에 오르는 동네 소문의 온상지. 농사에 통달한 보유 자들만이 앉을 수 있다. 그곳을 지나칠 땐 빈 의자에도 긴장해야 한다.

트에 열을 지어 굴러가며 제 크기에 맞는 구멍으로 떨어진다. 인생도 이리 순 탄하고 명료하면 좋으련만. 이윤석은 끝내 맞는 구멍을 찾지 못해 컨베이어벨 트를 유랑하다 떠밀려온, 나머지 것들에 더 마음을 쓰는 사람이다. '선별 불가' 판정을 받은 토마토는, 당도나 영양가 면에서는 뒤지지 않지만 단지 규격에 맞지 않는다는 이유로 선택권 밖에 밀려난 것들이었다. 보통의 농사꾼들이라면 농약과 비료를 더 써서 '선별 불가'의 열매를 없애기 위해 안간힘을 썼을 것이다.

어쩌면 이윤석이 농사로 대박을 치진 못한 것은, 남들과는 다른 그만의 농사지론 때문은 아니었을까. 정해진 구멍에 맞지 않았을 뿐, 누군가는 그것을 필요로 한다는 것을 알고 있다. 당장 내 수중의 돈은 적게 들어올지라도 그것들 또한 이 땅의 양분을 먹고 자란 열매이기에 버릴 것은 없다. 그 열매가 필요한 사람들에게 전달하는 것 또한 농사꾼의 역할이라고 말한다. 그의 지론 덕분에 대박 농사는 늘 그를 피해갔을지언정, 한해도 망한 농사는 없었다.

농사에 공으로 얻는 것은 없다. 그 바쁘다는 가을, 따끈하게 달궈진 집 담벼락이나 베게 삼아 꾸벅꾸벅 졸고 있는 촌노(村老)들에게도 기력 넘치게 땅을 돌보던 농사꾼 시절이 있었다. 그들은 가방 대신 가난을 들쳐 엎고 사느라 어디 가서 말 한마디 못하는 숙맥이지만, 평생을 실전으로 배워온 농사만큼은 어떤 박사가 와도 따라갈 수 없다. 아는 것 많은데 몸뚱이를 못 놀리니, 나무 아래 모여 입만 놀리는 뒷방 늙은이가 된 것이다. 허나 그들만큼 정확한 스승도 없으니 나무 아래 정자로 탁배기 한 통 사 들고 가면, 일 년 농사는 '철 지난 농사꾼'들이 입으로 지어 주었다. 들판에 철 지난 농사꾼이 있다면 고성의 풍류방엔 철 지난 춤꾼들이 버티고 있었다. 철 지난 춤꾼들은 살아있는 무보를 자청하며 지금의 고성오광대를 이끌었다.

철이
든
농사꾼

추수 때가 되면 집을 떠났던 자식들이 하나, 둘 귀향한다. 예부터 농사의 대소사는 가족 모두가 함께 해왔기에, 농사꾼의 자식들은 이 땅에서 배워온 농사의 기본기가 있다. 모든 농사꾼의 땀이 다 자식 농사 밑천이라지만, 사실 일손 귀한 농촌에서 줄줄이 낳아놓은 자식들만큼 좋은 농사 밑천은 없다. 누구네 자식 농사가 잘 되었는가를 평가하는 것은 정자에 모인 '철 지난 농사꾼'들의 몫이다. 동네 한가운데로 아들, 손자를 죽 거느리고 보란 듯 지나가면, '저 집 자식 농사 잘 지었네'라는 어른들의 훈수가 벼농사 잘 지었다는 말보다 농사꾼의 어깨를 으쓱하게 한다. 여름날 배둔장을 끌고 가던 어머니의 마음이 조금은 이해되는 듯했다.

노랗게 채워졌던 들판은 부지런한 농사꾼의 논배미부터 이가 빠지듯 비어 간다. 한 칸 한 칸 비어가는 가을 들녘을 바라보면서 올해도 무사히 지나갔음에 안도의 숨을 쉬어진다면, 농사꾼은 또 한 살 철이 든 것이다.

"언제 철이 들까나. 쟈는 철들라믄 멀었다."

농사일을 미루고 춤판으로 가는 이윤석의 뒤에 대고 어머니와 동네 사람은 늘 이야기했다. 하지만 철이 덜 든 아버지 이윤석 덕분에 자식들은 철이 일찍 들어버렸다. 언제나 춤추러 간 아버지를 대신해 들에 나와 있는 것은 아내와 아이들이었다.

벼농사는 농약 치는 게 참 힘든데, 여름 땡볕 아래 다 커서 쨍쨍한 벼 숲 사이로 농약 줄을 잡고 끌다 보면 넋이 나갈 정도로 힘이 든다. 그보다 한수 위가 있다면 논에 피를 뽑는 일이다. 농사꾼의 발자국 소리를 듣고 크는 것은 벼만이 아니었다. 막내딸은 여름 불볕 아래서 논바닥을 헤치며 피를 뽑던 순간이, 자기 평생 가장 힘든 일이었다고 지금까지 토로한다. 농사꾼의 자식으로 태어나 그만한 일 안 해본 사람 없다지만, 아버지의 부재에 불평 한마디 없이 도와온 자식들 덕분에 아내는 그 많은 농사일과 집안일을 해낼 수 있었다. 이윤석이 비닐하우스 농사는 별로여도, 자식 농사 하나만큼은 동네에서 최고라 손꼽히는 이유이다.

농사꾼이라는 것이 신기하게도 농사를 놓고 나니 몸이 고장 나기 시작했다. 아내는 비닐하우스 농사를 접자마자 미뤄두었던 골병이 하나씩 티를 내기 시작했다. 이윤석은 본인의 무릎도 성치 않으면서도, 아내가 병원 가는 일만큼은 꼭 동행했다. 큰 살림을 남편 없이 도맡아 오느라 고생한 아내를 위한 배려이다. 그는 고성에서 알아주는 아내 사랑꾼이다. 가끔은 창피함도 없이 혼자 옷가게에 들어가서 아내 옷을 사 오기도 하고, 서울 공연이 끝나면 남대문 시장표 짝퉁 루이비통을 사가기도 한다. 이제 남은 시간만큼이라도 아내를 호강시켜주고 싶은 철든 남편이 되었다.

"오데 이렇게 철이 들었을고"

흙이 길러낸 가족

매일 밤 이윤석은 춤판과 들판에 절은 지친 몸으로 돌아왔다. 그리고 그 고단함을 알아챈 자식들도 알아서 들로 갔다. 그 흙에서 스스로 철이 들며 아비 몰래 슬슬 커버렸다.

그는 가끔씩 아침밥을 먹다가도 뜬금없이 스스로 자문자답하곤 한다. 춤판과 들판을 오가는 순간순간이 그를 가르치지 않았을까 어림잡아 짐작만 해본다. 그는 '이웃 간에 황소 한 마리를 가지고 다투지 않는다'는 농사꾼의 옛말을 빌렸다. 그 시절, 황소는 살림 밑천이고 가보 1호인 중요한 재산이다. 그럼에도 이웃 간에 황소 한 마리를 두고 싸우지 않는다는 것은, 내 소를 잃은 손해보다 이웃이 소를 몰고 가서 잘 되었으면 하는 농사꾼의 마음인 것이다.

그런 농사꾼의 심성은 몸짓 속에 풍성하게 배어있어, 고성 춤은 언제고 둥글게 풀어진다. 때문에 어느 순간도 정지된 것이 없다. 정지된 것은 죽은 춤이다. 상하좌우의 흐름을 동시에 지니고 있기때문에, 끊임없는 호흡과 움직임으로 춤이 흘러가는 것이다. 고성의 몸짓은 순간적으로 만들어내는 것이 아니라, 늘 준비되어 있어야 한다. 늘 다음 동작을 마중 나가고 지난 동작을 배웅 해야 하는 것이다.

"와 동작을 회를 쳐 먹으려 하나?
춤은 대가리부터 꽁다리까지 통마리로 묶어야 한다.
고성 춤은 '하나' 하믄, 벌써 '둘'이 오고 있어야 하는 기라.
아를 낳으려면 오늘 맹글어서 내일 놓을 순 없는 거 아이가.
그 준비됨이 벌써 여덟 달 반쯤 배고 있어야 하는 기다.
동작을 급조하거나 날조해서는 그 맛을 낼 수 읍다.
아무 생각 없이 순서만 생각하는 춤은,
그냥 바람에 흩날리는 비니루 일 뿐이다."

예전엔 고성오광대 회원일지라도 따로 시간을 내어 춤을 배우는 것이 아니었다. 공연 연습을 하는 틈틈이 스승의 춤을 눈으로 익히고, 시간이 나면 더 자세하게 배우는 식의 '전승'이었다. 처음에 들어가서는 '비비과장'이나 '시골영감',

갈 길이 멀다

춤판을 기웃댄다고 걱정하던 사람들은 지난날의 편잔이 민망해졌다. 하지만 마을을 지켜준 그들 덕분에 들판을 떠난 춤꾼은 아무리 먼 춤판에서도 다시 돌아왔다. 탈을 벗으면 갈 길이 멀다.

'마당쇠' 배역부터 배우기 시작했지만, 초보들의 가장 큰 역할은 상여 옮기기나 궂은 잡일을 하는 것이었다. 조금씩 춤이 익어가면 전수생들을 가르치는데, 선생으로 앞에 서 있지만 가르치는 과정 또한 모두 배움의 과정이었다.

그러다 기회가 찾아온다. 공연에 서기로 했던 춤꾼이 출연을 못 하게 되면서 한 자리가 남게 된 것이다. 스승들은 평소 눈여겨보았던 제자들 중 배역에 어울리는 제자를 선택해 연습을 시킨다. 한번 배워놓으면 그때부터는 내 배역이 되기 때문에 제자들은 스승들의 선택에 희비가 갈렸다. 그중에서도 이윤석은 모두가 탐내는 춤꾼이었다. 특히나 허종복은 큰 신체와 활달한 춤동작이 본인과 닮은 이윤석에게 말뚝이춤을 시키고 싶어 욕심을 내었다. 그렇게 이윤석은 허종복에게 말뚝이춤과 기본춤을, 조용배에게 문둥춤과 승무를 배우며 춤이 영글어 가기 시작했다.

늦가을, 밭에서는 지난여름 파종해 두었던 양파를 '아주심기' 한다. '아주심기'는 더 이상 옮겨 심지 않고 큰 자리를 잡아 완전하게 심는 것을 말한다. 그도 세월을 빚내어 철이 들었다. 스승들은 점점 철이 들어가는 그를 보며 별 성(星), 마을 촌(村)을 써서 성촌(星村)이라는 아호(雅號)를 지어주었다. 쑥스럽기도 하고 어색해서 잘 쓰진 않지만, 머리가 하얗게 세어버린 지금의 이윤석에게 꽤 잘 어울리는 아호이다. 노는게 좋아 춤판으로 가던 동네 걱정거리 청년은 명무가 되었고, 들판에서 길러낸 철없는 농사꾼은 평생을 살아온 마을을 지키는 별이 되었다. 그래도 이 정도면 철 한번 잘 들었지 않은가.

춤추는
농사꾼

농사꾼에게 '때'는 굉장히 중요하다. 농사는 24절기에 맞춰 때마다 해야 할 일들이 정해져 있다. 하지만 고성오광대 활동을 하다 보면 항상 그 '때'를 놓치기 일쑤였고, 하루면 마칠 일을 이틀, 삼일은 해야 남들 하는 만큼 따라갈 수 있었다. 이윤석이 본인을 가리켜 '천성이 게으르다.'라고 늘 말하는 이유이기도 하다. 그 '때'를 못 맞춰 늘 다른 집 저녁밥 먹을 시간에 나머지 공부하듯 일을 시작하고 있으니 말이다. 그럴 때면 '스승님들은 어떻게 농사지으면서 오광대를 하셨을까.' 새삼 대단하게 느껴진다.

"농사짓는 것도 힘들고 춤추는 것도 힘들고.
춤추는 것도 재미나고 농사짓는 것도 재미나고.
그니까 스승님들은 늘 쫓겨 다닌기다. 가족부양은 해야 하는데,
춤추는 마당에 빠지기는 싫고. 마당에서 즐거움도 있었지만,
그것이 끝났을 때의 허탈함?

집으로 돌아가면서 '내가 가족들에게 무슨 위로를 줄 것인가'에 대한
마음이 복잡한 기지. 내 역시도 오광대에 참여하면서,
그 마당에서 어울려서 춤추고 악기치고 놀 때는 아무 생각 없이 재미났지만,
그 마당이 끝나고 집으로 오는 순간부터
'집사람에게 어떤 핑곗거리를 만들어서 다시 오광대에 나갈 수 있을까'
그 고민때문에 머리 아팠제"

    농사는 쉽게 말해 농사꾼이 사장이다. 하고 싶으면 하고, 하기 싫으면 안 해도 된다. 오늘 못하면 내일 해도 된다. 덕분에 고성오광대 회원들은 시간을 할애해 춤의 세월을 만들어 왔다. 가끔은 고성오광대와 농사를 병행하며 '내 사주팔자가 안 좋아서 이러고 산다.' 싶을 때도 있었다. 늘 형편이 쪼들리다 보니 아내는 동네 아무개가 논을 샀다고 말을 전하면서 부러워하는 눈치를 준다. 부모들은 열심히 일해서 논을 사고 밭을 사서 재산을 일구었는데, 자신은 가진 게 아무것도 없다라는 생각이 들 때면, 그긴의 번잡했던 삶이 부질없게 느껴지기도 한다.

"그래도 내는 농사꾼이다.
제일 적성에 맞는 건 농사짓는 기지. 맨날 봐도 맨날 다른 게 농사의 재미다.
농사는 내가 자연 속에 어울리고 있다고 느끼게 해준다니까."

    고성오광대의 공연 팜플렛에는 특별한 것이 있다. 출연자 소개에 이름과 사진 옆에 '농업'라고 직업이 표시해 두었다. 그만큼 고성사람에겐 춤추는 농사꾼인 것이 너무도 자연스러운 일이다. 춤판과 들판 사이를 오가며 '춤추는 농사꾼'으로 산다는 것은, 이윤석이 춤판 위에 당당하게 설 수 있는 원동력이 되었다.

"춤판 위에서만 생계를 이어가려고 했다면 얼마나 비참하게 살았겠나?
내는 농사에 적을 두고 있으니, 어디가서 김밥 쌀(아부 할) 이유도 없고,
춤판에서도 배짱 있게 여유 부릴 수 있는 기다."

고성 춤으로 이제 최고의 자리까지 올랐지만, 그는 어딜 가든 '마암면 사는 농사꾼 이윤석입니다.'라고 자신을 소개한다. 그에게 '예술'이 뭐냐 물으면, 그는 땅에 씨앗을 뿌려 그것을 거두는 것을 예술이라고 정의한다.

"농사는 생명을 가꾸는 일이라 농사짓는 자체가 예술인 것이다.
농사꾼이 만들어낸 한 톨이 한 생명을 연명하는데 보탬이 되는데,
그것보다 큰 예술이 어디 있겠는가. 농사를 짓는다는 것,
싹을 틔워서 수확을 맞는 과정 자체가 얼마나 예술적인가 말이다!"

고성오광대의 대표되는 춤사위이자 가장 중요한 정신이 '배김새'이다. 스승들은 배김새의 의미에 대해 구체적으로 말씀하시지는 않았지만, '나쁜 것을 털어내기 위한 것'이라고 늘 이야기했다. 본디 배김새는 '내리 배기다, 내동댕이치다, 내리꽂다'의 사전적 의미를 갖는데, 고성 춤에서는 칼을 뽑아 사방, 좌우, 상하의 부정한 것을 쳐낸다는 의미이다. 보통 춤을 출 때 세 번을 배기는데, 몸을 낮춰서 배기고, 서서 배기고, 앉아서 배긴다. 이것은 단순히 '배기는 몸짓'이 아니라, '정신'을 나타내기 위한 몸짓이다. "그럼 무엇을 내동댕이치고 내리꽂느냐?" 우리가 살아가는데 불필요한 것들, 우리 삶을 억누르는 부조리한 제도나 관습 등을 내리꽂는 것이다. 더불어 불필요한 욕심을 땅바닥에 내려놓는다는 의미도 가지고 있다.

그러기 위해서는 힘이 필요하다. 그 힘은 운동으로 키워진 근력이 아니라

마음을 하나로 모으는 힘이다. 무엇인가 부당하고 바꿔야 한다고 생각되는 것이 있다면, 생각에 그치는 것이 아니라 마음을 하나로 모아야만 바꿀 수 있다. 그런 의미에서 배김새는 마음을 하나로 모아내는 동작이라고 할 수 있다. 그는 춤판과 들판을 오가며, 정신을 바로 세우고 마음을 모으는 힘을 키운 것이다.

"예술은 사람이 사람답게 살기 위한 처절한 몸부림이다."

가을이 깊어지니 고성 바닥들은 벼가 베어진 밑동만 남았다. 이제 겨울이 오면 땅 위는 텅 비었지만, 땅 속엔 가을에 숨겨놓은 마늘과 양파가 저 들녘을 채울 것이다. 고구마 빼때기를 말려 놓은 부부의 집 앞마당에는 상강(霜降) 서릿발에 살아남은 국화가 만추(晚秋)를 품고 있었다.

겨울

Winter

탈을
벗고 나온
춤

탈을 벗은
춤의
명인

이 '탈' 때문에 정말 슬픈 일이 벌어졌다.
허종복 선생님께 "선생님, 명무전 안 나가시나요?" 물으면 늘 "응, 부를 기다."라고 답했다. 허종복 선생님은 늘 명무전을 기다렸다. 꼭 부를 줄 알고 있었다. 드디어 '한국명무전'이 열렸다. 호출장이 왔다.
다만 춤꾼이 아닌 악사로 불렸다. 일생을 기다려온 무대를 건너다보며, 춤추고픔이 소름처럼 돋는데, 북만 둥둥 쳐야 했다. 달밤에 피를 뽑으며, 종친회에서 쫓겨나면서, 3만 명의 대학생을 가르치면서, 지독한 불행의 날을 기다린 것이다.
탈은 탈의 의미가 중하다. 하지만 그 탈이 탈 속에 있는 명무를 가린 것이다. 이것이 대대로 흥을 이끌어온 춤의 결사, 탈꾼의 숙명이었다. 우리는 약속했다. 훗날 탈 속의 명인들을 기리는 춤판을 만들자고, 탈을 벗고 추는 명무전을 올리자고 약속하였다.
- 『THE STORY 인간문화재』 공연 중 이윤석, 진옥섭 대담

1995년, 결국 다음 명무전을 기다리지 못하고 허종복이 생을 마감하였다. 이윤석은 허종복의 장례를 치르고 진옥섭('노름마치' 저자)과 삼거리 슈퍼에 앉아 '불행을 목도 한 증인들끼리, 세상에서 가장 불행한 춤꾼을 추도하며' 못 하는 술을 들이켰다. 그리고 약속했다.

  '탈을 벗고 춤을 추는 춤판을 만들자'. 며칠 후 진옥섭은 무명으로 돌아간 춤의 전설 허종복의 생을 돌아보며, 공연을 기획하기로 다짐하고 이윤석을 찾아갔다. 그는 논 위에 초승달을 가리키면서 말했다. '농사꾼 눈에는 저 초승달이 잘 갈아놓은 낫처럼 보인다.' 송충이는 솔잎을 먹어야 된다는 이윤석식 은유였다. 진옥섭은 그 길로 낙향을 접고 올라가 공연기획 일을 시작하였다.

  그들의 약속은 4년 뒤 지켜졌다. 서리태가 콩깍지에서 탈곡하듯, 탈속에 감춰져 있던 고성 춤의 명인들이 탈을 벗고 세상으로 나왔다. 가장 먼저 탈을 벗고 세상에 나온 사람은 이윤석이었다. 1998년, '명무초청공연(예술의전당)'은 탈속에서 살다간 스승들을 대신해, 이윤석이 독무인 '덧베기춤'으로 세상에 나선 첫 무대였다. 너른 마당에서만 추던 춤을 엮어 난생처음 주인공으로, 그것도 처음으로 탈을 벗고 무대에 서니 어색함과 불편함에 뒤통수가 근지러웠다.

"처음에 탈 벗으니까 관중을 확 의식하게 되더라고. 벗었다는 것은
가림막을 걷어 내고 내 존재를 인식시키는 거니까.
자랑스러운 느낌도 들고, 탈 쓰고 할 때 보다는 기분이 좋드라고.
그치만 관중을 의식하기 시작하니까 공연이 더 어려버지더라.
그리고 커튼콜. 난 그게 세상 참 어렵드라고."

  첫 독무로 나선 덧배기춤은 경상도 사내들이 마당에서 추는 춤으로 이윤석의 몸에 배어있는 고성오광대의 양반춤, 말뚝이춤, 승무, 문둥북춤의 춤사위

탈속(脫俗)의 몸짓

1998년, 예술의전당에 탈을 벗고 나섰다. 논두렁의 이슬을 털던 큰 걸음으로 댄스 플로어 위를 성큼! 내딛자, 탈 속에 감춰진 탈속(脫俗)의 춤이 있었다.

진작 좀 오지

1998년 '명무초청공연(예술의전당)'에서 섭외가 왔을 때, 그는 스승 조용배와 허종복의 생전에 오지 않은 것을 나무랐다. 그리곤 논두렁에 삽을 박고 스승들의 한가락을 뽑았다.

삼거리 슈퍼에서

– '탈을 벗고 춤추게 하리라'는 춤 약속을 했던 삼거리 슈퍼 앞.
26년 만에 그 자리를 다시 찾은 이윤석과 진옥섭, 이제 모두 다 백발이다.

를 엮어 즉흥적으로 추는 춤이다. 즉흥으로 추다 보니 첫 무대에 섰을 때나 지금이나 이윤석에게 리허설이란 없다. 모두 실전일 뿐이다. 그 때문에 간혹 춤을 추다 무심코 악사를 쳐다봤을 뿐인데, 악사들은 장단을 바꾸라는 신호로 알아채고는 장단이 넘어가 버리는 사고가 벌어지기도 했다.

이윤석은 '잘 못 하는 것.' 그마저도 이윤석표 덧배기춤의 매력이라고 말한다. 활달하고 남성적인 춤이기 때문에 자신의 신체적 조건이 고성오광대를 보여주기에 장점이라고 생각하고 있다. 이제 그의 덧배기춤은 고성 춤을 가장 상징적으로 보여주는 백미로 통하고 있다.

그로부터 1년 후, 고성오광대들이 모두 탈을 벗고 무대에 나서는 공연 '춤의 고을, 고성사람들'이 예술의전당(자유소극장)에서 올려졌다. 예술의전당을 들어보긴 했어도, 그 무대는 자신들의 무대가 아니라고 생각해온 사람들이었다. 탈을 벗고 춤을 춘다는 건 상상도 못 한 일이었고, 탈춤 공연을 돈 주고 표를 판다는 것은 들어본 적도 없는 일이었다. 모든 것이 상식을 벗어난 공연이었다. 하지만 놀라운 일이 벌어졌다. 예전 같으면 풀 방귀 쥐 드나들 듯 읍내 다방을 전전하던 회원들이, 다방도 끊고 새벽 2시까지 춤 연습을 하기 시작한 것이다.

가볍지만 갈라지지 않고, 무르지만 뒤틀리지 않는 오동나무로 만든 고성의 탈속에 가려졌던 명무들이 드디어 세상 밖으로 나왔다. 조용배나 허종복은 알아주는 명무였지만, 탈 속에서만 춤추다 전설로 사라졌다.

결국 세상은 탈에 가려진 그들의 좋은 춤을 알아보지 못했다. 고성사람들 또한 탈춤이란 본디 그런 것이라는 생각으로, 그 인물들이 아까운 줄도 모르고 탈속에 가두어 두었다. 이윤석은 그제야 지난 세월이 아쉬워 한없이 미안함이 밀려왔다.

탈을 벗고 나온 고성의 농사꾼들은 공전의 히트를 만들어냈다. 마당에 모여 탁배기 한 잔을 위로 삼아 함께 신명을 지피고 몸짓 짓는 놀이쯤으로 인식되던 고성오광대가 고성 땅의 한 축이 된 역사적인 순간이었다.

이후에도 탈춤으로 대극장을 채우는 건 불가능하다는 이유로 번번이 대관신청은 거절당했다. 하지만 보란 듯이 공연하는 곳마다 이 전례 없는 흥행의 기록을 이어갔다.

2017년, 공연 '춤의 고을, 고성사람들'은 막을 내렸다. 이윤석은 다음 세대가 만들 '춤의 고을, 고성사람들'을 기다리기 위해 과감한 결정을 내렸다. 그리고 이윤석과 고성사람들은 전수회관을 지키는 젊은 춤꾼들을 빌미로 다음을 기약했다.

하얗게 서리가 내린 논두둑에는 검은 서리태 콩이 터져 툭 터져 나왔다. 도리깨질에 사정없이 터져버린 빈 콩깍지는 먼저 털어놓았던 깻대와 함께 태운다. 타닥타닥. 특유의 타는 소리를 내며 파르르 타올랐던 불씨는 첫눈처럼 금방 사그라들었다. 일 년 농사의 아쉬움과 미련도 함께 흩어지며 마무리되었다. 어스름한 초저녁, 불 앞을 지켜 서 있던 이윤석은 온몸에 배인 겨울의 냄새를 풍기며 저녁밥이 지어지는 집으로 향했다.

아메리카
오광대

2001년 11월 초. 고성오광대는 보름간의 미국 6개 도시(호놀룰루, LA, 샌디에고, 뉴욕, 워싱턴) 순회공연을 떠나게 된다. 평생 농사와 고성오광대만 알던 농사꾼들이 비행기로만 19시간을 날아 미국 하와이 땅을 밟는 역사적인 순간이 연출되었다. 극적인 순간을 알기라도 하듯 하늘엔 쌍무지개가 떴다. 하지만 들떴던 기분도 잠시, 이내 쏟아지는 소나기에 농사꾼들은 안절부절못했다.

"비 오는데 집에 나락 걷었는지 모리겠다.
나락 안 벤 사람들은 낭패다. 보름 있다 가면 나락 다 베리겠네."

농사 걱정도 잠시, 공연이 시작되자 고성의 농사꾼들은 타고난 흥으로 무대를 누볐다. 공연이 끝나자 관객들은 기립박수로 아메리카오광대의 공연에 최고의 찬사를 보냈다. 하지만 그것으로 만족할 고성사람들이 아니었다. 우리에겐 '뒷풀이'가 있지 않은가. 객석의 외국 관객들은 고성 춤꾼들의 손에 이끌려 무대 위로 올라왔다. 그야말로 무대 위는 동서양의 문화가 한데 엉켜 소용돌이 치고 있었다. 이 전례 없는 고성의 '뒷풀이' 때문에 극장에는 비상이 걸렸다. 이렇게 많은 인원이 무대 위에 올라선 적이 없었기 때문에, 무대가 무너질 수도 있다는 것이다. 한번 오른 고성의 흥을 막을 순 없었다. 결국 관객들을 로비까지 몰고 내려와 그 자리에서 다시 판을 벌이기 시작했다. 그 옛날 열차 위에서 펼쳐지던 축제의 모습이 이역만리 미국 땅에서 다시 펼쳐진 듯 했다.

"우리의 신명이 어디에 있나? 어깨짓에 있다.
큰 어깨 짓으로 신명이 고취되는, 으슥!
이것을 고성에서는 '으시개'라 이야기 한다.
'으시개'야 말로 고성춤이 가진 참 맛인기다. 스승님들은 어깨짓이 자잘하면
'으시개가 약하다, 신명이 죽었다.'고 꾸짖으셨다.
고성 춤은 쩨쩨하게 추어서는 안 된다."

결국, 예정된 공연 시간을 훌쩍 넘기고서야 '아메리카오광대'의 데뷔무대는 성공적으로 끝이 났다. 이 기쁨이 순간에 이윤석은 애꿎은 대님만 만지작대며 통한의 눈물을 훔쳐냈다.

"이런 공연에 우리 금산 조용배선생님, 고산 허종복 선생님이 생전해 계셔서 이 마당에 같이 있을 수 있었다면 정말 무대가 꽉 찼을텐데…
선생님들 살아왔던 진한 모습들을 이곳에서 보여줄 수 있었다면
얼마나 좋았을까. 그런 아쉬움들을 생각하면…"

다음날, 초청장이 날라왔다. 세계 민속무용을 연구하고 있는 하와이 주립대학교 주디 반자일 교수의 초청이었다. 반자일 교수는 어젯밤 그 흥분이 현장

주디 반자일 교수(오른쪽 첫 번째)와 함께

학위와 논문으로도 정의 내릴 수 없는 농사꾼의 춤을 그들은 '놀라운 문화'라 했다. 전 세계의 지폐가 꽂힌 뒤편의 오광대 꽃상여는 한국의 흥을 세계로 견인했다.

에 있었다. 그녀는 고성오광대를 보는 순간 '어떻게 저런 몸짓이 있냐'라는 생각에, 바로 다음날 자신의 학교로 그들을 초청했다. 이 인연은 순회공연을 마치고 한국에 돌아와서도 이어졌다.

2003년, 하와이주립대학에서 5주 동안 고성오광대 워크숍을 해줄 수 있냐는 제안이 온 것이다. 세계 각국에서 춤을 배우기 위해 하와이로 유학을 온 무용학도 23명을 대상으로 하는 워크숍이었다. 영어 한마디 못하는 시골 춤꾼이 어떻게 워크숍을 할 것인가 고민스러웠지만, 이윤석은 이 좋은 기회를 놓칠 수 없었다. 결국 용기를 낸 이윤석이 장단을 쳐줄 전광렬 회원과 단둘이 행장을 꾸려 다시 하와이로 떠났다.

첫 수업이 있던 날, 이윤석은 무식하면 무식한 대로 하자 마음먹고 학생들 앞에 섰다.

"난 한국에, 그것도 변방인 경남 고성이라는 시골에서 왔다.
여러분은 한국의 무식한 농사꾼과의 만난 것이다. 나는 가방끈도 짧다.
높게도 못 메봤고 크게도 못 메봤고,
중간쯤 메다가 말아서 여러분들에게 춤,
무용이라는 것을 가지고 이야기하기는 어렵다.
학술적인 만남은 기대하지 마라.
대신 우린 인간적인 만남이 이루어져야 한다.
그래서 우리가 만날 땐 한국식으로 한다.
우리의 인사는 '안녕하세요.'가 아니라 큰절로 한다.
그리고 인사를 할 때는 '신명!'이라고 한다.
만날 때도 '신명', 헤어질 때도 '신명'이다. 또한 우리는 원, 투, 쓰리 이런 거 모린다. 한국의 춤을 출 때는 하나, 둘, 셋 이렇게 하는 것이다."

2004년 피나바우쉬 내한 당시

즉흥적으로 판에 나선 농사꾼의 춤사위에 크게 놀랐다. 그때의 느낌이 한국 문화를 몸짓을 표현한 공연〈러프 컷(Rough Cut)〉에 녹아들었으리라.

얼마 지나지 않아 그의 새로운 교수법이 먹히기 시작했다. 학생들은 수업 전 50m 밖에서부터 "신명"을 외치면서 달려와 그에게 하이파이브를 건넸다. 그렇게 5주 동안 하와이주립대학의 교정에는 신명이 넘쳐났다.

하루는 이윤석이 춤을 추다 말고 학생들에게 자신의 냄새를 한번 맡아보라고 했다. '무슨 냄새 나노?'라고 물으니 다들 땀 냄새라고 대답했다.

"이건 사람 냄새다.
기분 나쁜 땀 냄새가 아니라 함께 춤추면서 인간적인 정이 섞인 사람 냄새."

땀 냄새를 나누며 고성춤을 배워가던 고성의 전수회관과 이곳은 다르지 않았다. 춤을 춘다는 공통점 때문인지 학생들은 진심으로 공감했다. 반자일 교수가 수업평가 설문조사를 했을 때, '왜 우리는 이런 교육을 받지 못하는가'라는 학생들이 의견이 나왔다. 그것은 말도 안 통하는 한국의 농사꾼과 저 먼 타국땅의 춤꾼들이 5주 동안 춤과 몸의 대화로 인간적인 시간을 보낸 결과였다.

어느덧 마지막 수업을 앞두고 이윤석은 반자일 교수에게 역제안을 했다. 고성오광대 완판 공연을 보여주자는 것이다. 문제는 예산이었다. 이윤석은 하와이에 있는 문화재단에 협조를 요청해, 고성에 남아있던 회원 30명을 하와이로 불러들이는 대담한 추진력을 보여준다. 그의 추진력 덕분에 하와이 주립대학 잔디밭 광장에서 고성오광대 완판 공연이 펼쳐졌다.

학생들이 5주 동안 배운 기본춤으로 공연은 시작되었다. 늘 갇힌 스튜디오에서만 추던 학생들은 관중이 꽉 들어찬 잔디밭 무대 위를 펄펄 날아다녔다. 반자일 교수의 해설이 더해지고 관객들은 서서히 고성오광대의 흥에 함께 취하기 시작했다. 마지막 과장인 상여 놀이가 시작되자, 관객들은 무대로 올라와 1달러씩 상여에 돈을 꽂기 시작했다. 열화와 같은 관객의 성원에 춤꾼들은 상여를 메고 단 한 발자국을 떼지 못한 채 마지막 과장은 마무리되었다. 상여에 꽂힌 달러는 총 985불이었다. 공연장에 모인 관객들이 말도 안 통하는 동양의 고성오광대에 공감을 해주었다는 증거였다. 그 귀한 증거는 지푸라기 새끼에 꽂힌 그대로 검은 비닐봉지에 담겨 한국 땅을 밟았다.

그 돈을 어떻게 할까 고심하던 중 회원들은 그 돈 만큼은 좋은 의미로 사용하자는데 마음이 모였다. 때마침 당시 태풍 '매미'가 남부지방을 강타해 고성에 피해가 큰 해였다. 보존회는 하와이에서 가져온 검은 비닐 봉다리 채 고성군에 수해지원금으로 내어놓았다. 환전하면 얼마 되지 않는 돈이지만 그 돈에 담긴 의미는 이윤석에게, 회원들에게, 고성오광대에 너무도 컸기에, 지금도 회원들은 종종 그 순간의 희열과 의미를 회상하곤 한다.

"공연자들의 넘치는 에너지가 너무 인상 깊다. 매우 역동적이고 빠른 동작들이 강렬했고 생동감 넘쳤다. 특히 짧은 시범만으로도 무용수와 바닥이 밀착되었다는 걸 느꼈는데, 높이 뛰는 동작에서 땅과 사람이 붙어있다는 인상을 받았다. 이 점이 매우 흥미롭다."
- 주디 반자일(하와이주립대학 교수)

그의 춤에 반한 것은 주디 반자일 교수만이 아니었다. 독일 출신의 '현대무용의 혁명가'로 불리는 '피나바우쉬'는 2004년 10월 보름 동안 한국에 체류하며 우리나라 곳곳을 체험하게 된다. 그녀가 통영굿을 보기 위해 통영을 방문했을 때, 즉흥적으로 무대에 나선 이윤석의 춤을 보게 된다. 시골 농사꾼의 진한 삶이 묻어나는 춤사위에 세계적인 무용가인 피나바우쉬는 큰 감명을 받았다.

그리고 그녀는 보름간 체험한 한국 문화를 2005년 LG아트센터 개관 5주년 기념공연 〈러프 컷(Rough Cut)〉에 담았다. 학위도, 논문으로도 증명하지 못했지만, 평생을 쏟아부어 삶과 일체 된 이윤석의 춤이 시골 농사꾼들의 유·흥거리가 아닌 '예술'로 인정받은 것이다.

아메리카오광대의 기운도 이어졌다. 가깝게는 중국부터 가장 멀리는 터키까지 초청을 받았다. 하지만 시골 사람들에게 해외공연의 고충은 단연 음식이었다. 처음 잡아보는 포크와 나이프로 생전 처음 보는 음식을 먹다 보니, 아예 굶는 회원들이 속출했고 몇몇은 배앓이로 고생깨나 해야 했다.

해외공연을 떠날 때는 좋았으나 기간이 길어질수록 농사꾼들의 마음은 조급해졌다. 짧으면 일주일에서 길게는 한 달 동안 농사일은 휴업 상태가 된다. 춤판과 들판 사이에서 하던 고민을 해외에서도 이어졌다. 매상할 나락은 잘 걷었는지, 때마다 소밥은 잘 주고 있는지, '오만 걱정'으로 비싼 국제전화를 붙들고 살아야 했다. 그럼에도 회원들은 무대에만 서면 어디서 저런 흥이 나왔나 싶게 공연을 하는 천상 춤꾼들이었다.

1997년 일본 나고야의 진혼제
첫 독무를 추었던 공연부터 원무의 구심점으로 성큼 나서 신명의 축이 되었다.
세상 어디에 가도 춤은 나눔이고, 축제의 마중물임을 증명했다.

오래된
둠벙

2005년, 이윤석이 모시던 여덟 명의 스승 중 이윤순만이 고성오광대를 지키고 있었다. 1999년 남아있던 유일한 춤의 벗인 허판세마저 세상을 뜨자, 그는 늘 '내가 죽기 전에 다음을 이어주어야 한다'며 비어있는 고성오광대 예능보유자 자리를 안타까워했다. 결국 조급함에 고성에서 기다리지 못하고, '왜 보유자를 안 만들어 주냐'며 문화재청에 올라가 따지고 오기도 했다. 아마도 쟁쟁했던 동지들이 떠난 춤판에, 마지막 남은 자신 또한 후대를 잇지 못하고 떠나버리진 않을까 하는 마음의 짐이었을 것이다.

얼마 지나지 않아 이윤순의 간절함이 통했다. 문화재청에서 예능보유자 심사를 하기 위해 고성을 찾은 것이다. 하지만 고성의 무뚝뚝한 환영은 분명히 다른 단체들과는 달랐다. 조사자들을 의식 하지도, 요행을 바란 의전도 없었다. 오히려 '실력이 있으면 되겠제'하며 유력 후보였던 이윤석의 배짱은 두둑했다.

당시 고성오광대에서는 1993년 보유자 후보 인정에 그친 이윤석을 예능보유자 단독 후보로 올려두었던 상황이었다. 조사자들은 왜 단독 후보인지에 대해 의구심을 품었다. '그것이 모든 회원들이 바라는 바이다.'라는 보존회의 설명이 충분치 않았던 걸까. 결국 오래 기다려온 고성오광대 보유자 지정은 이윤석의 '보유자 인정예고'에 그쳤다. 당사자인 이윤석은 초연했다. '원칙이 있다면 그것에 의해서 정당하게 되겠지'라는 마음이었다.

하지만 회원들의 항의가 빗발치며 다음 해인 2006년 또 한 번의 심사를 거쳐, 드디어 이윤석이 공석이었던 고성오광대 예능보유자로 지정된다.

쉰여섯. 옛 스승들에 비하면 젊은 나이였다. 그간 못된 부모, 못된 남편을 자처하며 들판과 춤판 사이에서 버텨온 세월을 보상받는 순간이었다. 심성이 닮은 이윤석부부는 그간의 소회를 싱거운 농담으로 넘겼다.

조용순   난 그게 되면 좋은 것도 모르겠고.
           남편도 별 유난을 안 떠니까, 둘 다 그냥 덤덤했제.
이윤석   50여 년을 넘게 춤판을 기웃대다 보니, 예능보유자가 돼서 매달 돈도 나온다. 예금을 했다 치면 얼마를 넣어 놔야 이게 생기겠나.

낡은 주방 한쪽 벽에는 어울리지 않는 봉황 시계가 무심하게 걸려있다. 한참을 보고 나서야 그것이 대통령에게 받은 시계임을 눈치챌 정도로, 어색하기 짝이 없는 자리선정이었다. 무심한 주인 덕에 시계는 본연의 역할만 하고 있을 뿐이었다. 요즘은 자식들이나 주변 사람들이 더 호들갑을 떨어대는 통에 대통령이 보내오는 선물을 받을 때면, '어쩌다가 이렇게까지 되었나.' 싶은 생각이 들곤 한다. 예능보유자가 되고 텔레비전이나 기사에 나오는 아버지를 남들에게 자랑하는 자식들을 보면, 이제야 그간 소홀했던 세월을 소명(疎明) 할 제대로 된 이유가 생긴 것 같아 조금이나마 마음의 짐이 덜어진다. 하지만 그는 지나온 삶의 대한 '인정'을, 밖에서 찾지 않았다. 칠순이 넘어서도 받아먹을 수 있는 조여사의 아침 밥상이야말로 잘 살아온 인생에게 주는 최고의 상이라 생각한다.

"아무것도 해드리지 못하고 스승님을 보내드렸다는 것이
한처럼 무섭게 다가올 때가 있다.
스승님들이 가꾸어온 나무의 열매를 나는 앉아서 받아만 먹은 것인데
고성오광대가 사회적인 칭송을 들을 때마다
우리가 잘해서 그런 듯 까불고 있는 것 같아 죄송스럽다."

2021년 1월, 94년도부터 맡아온 회장직의 마지막 임기가 끝이 났다. 젊은 시절 총무를 맡은 이래 얼마 만에 평회원으로 사는 것인지 햇수의 가늠조차 쉽게 되지 않았다. 3년 전부터 회장직을 내려놓겠다 했지만, 일 년만 더 일 년만 더 부탁을 들어주다 보니 어느새 26년이 되었다. 덕분에 그는 전수생들부터 밥 먹으러 들어간 식당 주인들까지, 고성 어딜 가나 '이 회장'으로 통한다. '이 회장'이라는 수식어는 단순한 호칭을 넘어서 이윤석을 설명하는 대명사였다.

"회장을 움켜쥐고 있다가 내가 어느 날 갑작시리 없어지면,
뒷감당이 안 된단 말이다.
지금이라도 내려놓으면 새사람이 하는 걸 지켜보면서,
착오가 있으면 내가 뒤에서 조언해 줄 수 있다 아이가.
지금이 적기다. 속 시원하다!"

그도 처음부터 '회장'이란 직함이 어울렸던 것은 아니다. 젊은 나이에 회장이 되니 성향이 다른 회원들을 모으고 조율하는 과정에서 가끔은 오해가 생

기곤 했다. 하지만 그들은 50여 년을 마당에서 탈 눈구멍 하나로 춤의 합을 맞춰온 사이이다. 탈을 쓰고 군무의 간격을 맞추기란 어려운 일이다. 하나의 울타리를 만들어 둥그스름하게 어울려야 하기 때문에, 동료들이 받쳐주지 않으면 그 판은 망하는 판이 되고 만다. 그러기 위해서는 서로에게 관심이 필요하다. 50년 넘게 서로에게 관심을 두고 살다 보니, 이제는 서운함도 미안함도 남지 않았다. 잔바람이 불어와도 꾸준하게 자신의 자리에서 견디다 보니, 세월은 금방 지나갔다.

특히나 이윤석은 오랜 시간 총무를 해왔기에 보존회 사무국 직원들의 고충을 이해하고, 더 끔찍이 챙기고 있다. 그래서인지 이윤석은 회장을 맡으면서도 2층 회장실보다 사무국 사무실에서 보내는 시간이 더 많았다.

"사무국 직원들끼리 퇴근하고 술집에 앉아 있으면, 열에 다섯 번은 오광대 회원분들이 결제하고 나갑니다. 이게 다 이 회장님이 만드신 문화에요. 이 회장님이 돈이 많으신 분은 아니잖아요. 그런데도 늘 베푸셨어요. 덕분에 그걸 봐온 회원들도 자연스럽게 고성오광대를 위해 일 하는 사람들에 대한 믿음과 고마움을 가지고 있는 겁니다. 이런 문화가 지금도 이어지고 있는 게 너무 감사하죠."
- 최민서(고성오광대 사무국장)

이윤석은 스승들이 그러했듯 이제는 뒤로 물러나서, 후배들이 앞으로 나아갈 수 있도록 든든한 버팀목이 되어줄 생각이다. 고성오광대가 아무 힘이 없던 어려운 시절, 자신들이 가진 모든 것을 고성오광대에 내어놓고 살다 가신 스승들에게 보답하는 일이기 때문이다.

고성 들에는 '둠벙'이라는 것이 남아있다. 논 가장자리에 지하수가 솟아오르

"이 둠벙 하나로 느이 아부지랑
다섯 삼촌 다아 공부시킨 겨"

못자리 다랑논 물을 댄 날이면
"고맙다, 참말로 고맙구먼" 하시며
둠벙 가 여기저기를 다독입니다

오늘도 할아버진
둠벙 가에 앉아

발을 닦고 삽을 씻습니다

『할아버지의 둠벙』 중. 한상순

둠벙 위에 명무
둠벙이 웅숭깊은 물을 담고 있어야 하듯, 춤
꾼도 몸속에 깊은 시간을 담고 있어야 한다.

는 곳을 네모, 세모, 동그라미 모양으로 땅을 파서 만든 물웅덩이다. 고성은 큰 천이 없고 저수지가 흔하지 않아,

논배미마다 둠벙을 만들어 농수로 사용했다. 때문에 둠벙은 농사꾼의 가뭄 걱정을 덜어주는 보배이자, 겨울철 물이 마른 논을 대신해 송사리, 미꾸라지, 개구리 같은 생물들의 피난처가 되었다. 하지만 1980년대 관정개발과 경지 정리로 둠벙은 사라지고, 고성 몇몇 곳에만 남아있다.

고성오광대에게 이윤석이란 인물은 '오래된 둠벙' 같은 존재이다. 고성오광대의 중역이지만, 그것을 유세하지 않고 묵묵히 한 자리에서 회원들을 품어주는 오래된 둠벙 말이다. 고성오광대는 그동안 잘 쌓아둔 이윤석이라는 둠벙 덕분에, 이제 봄이 되면 둠벙 속 물풀 사이로 소금쟁이가 걸어 다니고, 송사리 떼 사이로 개구리가 첨벙댈 것이다.

"회장 그만두고 집에 있어 보니께는, 별시리 큰일이 엄서도 늘 바쁜기야. 그런 것들은 하나토 내가 모리고 일이 없다고 생각하고 평생을 나 댕긴기야. '내가 이걸 그간 방치하고 살았구나.
조여사가 대신해서 메꿨구나' 그런 생각이 이제사 들더라고."

이윤석은 올해부터는 '이 회장' 대신 '이 이장'으로 살아가려 한다. 그는 벌써 8년째 도전리 명송마을 복지 이장을 해오고 있다. 자고로 '이장'이야말로 농촌에서 최고 권력자 아니겠는가. 역시 '이 회장' 아니랄까 봐 고성오광대 살림을 꾸려오던 솜씨를 제대로 발휘 중이다. 그가 제대로 손 걷어붙이고 나서니, 죽어가던 마을도 살아났다. 마을 통장 잔고는 취임 때 보다 두 배나 늘었고, 복지도 좋아졌다.

한동안은 그의 성품과 리더십을 알아본 이들이 정치계로 넘어오라는 제안

을 했다. 그때마다 그는 마을 이장직을 내놓지 않았다. 선거 45일 전에 마을 이장직을 내려놓아야만 출마를 할 수 있는 자격이 생기기 때문이다. 왜 안 나가냐는 주변의 성화에 '이장을 못 그만둬 가지고.'라며 늘 그 특유의 재치로 넘겼다. 이윤석다운 완곡한 거절의 표현이었다.

고성오광대에서 물러날 때처럼 마을 이장도 '다음을 기약하는 사명감'으로 일하고 있다고 말한다. 이장으로 살아가는 대외적인 목표를 거창하게 말하지만, 실은 평생을 밖으로만 겉돌았던 시간을 대갚음하는 마음으로 아내와 집이 있는 도전리 명송마을을 지키는 것을 소명이라고 생각하고 있다.

지족상락 知足常樂

일 년 중 가장 추운 소한(小寒)이 오자, 이윤석은 '올겨울이 춥네'라며 이야기를 꺼냈다. 사실 그때그때 계절에 맞춰 살아가는 농사꾼들에겐 언제나 덥지 않은 여름이 없고, 춥지 않은 겨울이 없다.

날이 추워지자 이윤석의 밥상엔 시래기국이 올라왔다. 얼마 전 부부가 사이좋게 걸어두었던 시래기이다. 아내가 무청을 엮어 남편에게 넘겨주면, 키가 큰 이윤석은 슬레이트 지붕 아래 대들보에 무청을 가지런히 걸었다. 자식들이 김장하러 올 때쯤이 되면, 시래기가 푸실푸실 잘 말라 있을 것이라며 부부는 한껏 기대하고 있었다. 겨울에도 농사꾼 부모는 자식들 먹일 걱정에 쉬지 않았다.

이제 밭에는 올해 마지막 작물인 김장배추만 남았다. 겨울 추위에 배츳속이 꽉 들어차는 소리는 아내만이 알아들을 수 있다. 이 능력이, 이 집 김장 비법이기도 하다. 거기에 직접 길러 가을에 빻아놓은 고춧가루와 남해에서 나는 생물 새우나 생선을 통째로 갈아 김치소를 만들어 버무리면, 봄까지 아삭하고 시원

한 조여사표 김치가 된다.

월동준비는 끝이 났다. 이제 이윤석과 아내는 따뜻한 아랫목에 앉아, 군고구마나 먹으며 마지막 장 만 남은 달력을 아쉽게 바라봤다.

지족상락 知足常樂 만족할 줄 알면 항상 즐겁다.

지은 지 30년이 넘은 구옥에서 살고 있는 이윤석 부부의 침실은 반투명 유리 사이에 나무 살이 예쁘게 끼워진 미닫이문으로 되어있다. 은은한 안방의 불빛이 낡은 마루로 비치는 것만 보아도 마음이 따뜻해졌다. 이윤석은 삐걱대는 마루를 지그시 밟으며 번듯했던 옛집을 그리워했다. 옛집은 재산이 좀 있던 양아버지 덕분에 4칸짜리 멋들어진 한옥집이었다. 아궁이만 4개였다고 하니, 그 규모가 엄청났을 것이다. 그는 군청에서 지원금을 준다는 것에 넘어가, 부모와 함께 살던 옛집을 부수고 지금 살고 있는 새집을 지은 것이 아직까지도 아쉬움이 남는다.

그 마음을 달래기라도 하듯 이제는 낡아 버린 지금의 집에는 '지족상락(知足常樂)'이라고 쓴 족자가 걸려있다. 서로 이웃하며 살고 있지만 남의 농사가 망해야 내 작물 값이 오르는 농사꾼의 얄궂은 인생사를 지나며, 이윤석이 늘 가슴에 새기는 말이다. 만족할 줄 알면 항상 즐겁다는 말처럼 이윤석은 세월에서 오는 늙음을 자연스럽게 받아들이고 있다.

"무슨 큰 욕심을 더 바랄거고? 크게 이름을 남기고 싶은 맴도 없고,
인자는 조여사랑 방에 뜨듯하게 군불이나 넣고 앉아서 고구마나 까먹는 기지.
젊었을 땐 바쁘게 산다고 어데 음식 맛이나 기억나나?
그냥 생각 없이 휩쓸려 가는 거지.
지금은 단맛, 쓴맛, 조여사의 조미료 맛도 다 느껴진다."

거실의 '지족상락'

중학교를 졸업하고 고등학교 대신 한학을 배우는 서당에 들어갔다. 노자(老子)의 〈도덕경(道德經)〉을 배우며 운명같이 만난 네 글자는, 평생을 두고 그의 신념이 되었다. 허튼 욕심이 없기에 그는 더 멀리 비상할 수 있었을지 모른다.

그는 원 없이 다 해보았기에, 남은 미련이 없다. 남은 날 동안 춤을 출 수 있는 날까지 춤을 추고, 농사지을 수 있는 날까지 들에서 살 것이다. 그것이 춤추는 농사꾼의 특권일 것이다.

지족자부知足者富 만족할 줄 아는 사람이 부자다.

덧배기춤으로 무대에 혼자 서는 일이 많이 지면서, 공연장으로 가는 길은 시끌벅적하던 축제 대신 단출한 행장만이 대신했다. 전통공연을 하는 사람들은 제자들을 한 집 거느리고 와서 제 식구 자랑하기 바쁘지만, 이윤석은 전국에 그 많은 제자들을 두고도 의상을 넣은 가방 하나만 들고 홀로 서울 남부터미널 행 고속버스에 오른다.

단정하지만 조금은 촌스러운 큼지막한 '마이'를 걸치고, 손에는 낡은 갈색 가방 하나를 든 채 홀로 전쟁터 같은 공연장으로 들어선다. 그 모습은 춤꾼이라기보다는 세기말 시인에 가까웠다. 고독하지만 당당한 걸음으로 혼란스러운 대기실을 가로질러 자리를 잡은 뒤, 갈색 가방에서 다림질된 하얀 민복을 꺼내 입는다. 하얀 백발과 그보다 더 하얀 민복 의상을 입고 검은 무대 위에 올라서자, 그제야 그가 공연 포스터 속 춤꾼인 것이 실감된다. 화려한 전통무용수들 사이에서 하얀 민복 한 벌로 자신의 존재감에 방점을 찍는 모습은, 마치 평범한 주인공이 세계를 구하는 히어로가 되는 영화의 한 장면 같았다.

"내 공연인데 와 바쁜 아들(애들)을 불러대노. 내 혼자면 충분타."

관행에 익숙해져 무심코 건넨 '왜 혼자 다니냐'는 질문이 잘 못 되었음을, 그의 대답을 듣고 나서야 깨달았다. 1998년부터 십 년 가까이 한국예술종합학교에 교수로 강의를 하는 동안, 그는 매주 심야버스를 타고 서울에 올라와 찜질방에서 시간을 보낸 뒤 아침 수업에 나갔다. 오히려 마음이 불편한 제자들이 서로 모시게 해달라고 사정을 해보았지만, 그는 여지없이 밤 버스를 택했다. 이윤석은 약국에 가면 서비스로 주는 쌍화탕 하나도 본인이 필요 없으면 받아오지 않는 사람이다. 필요 없는 것, 쓸데없는 것에 욕심내지 않았다. 내 만족이란 것은 꾸며낼 수 없는 감정이다. 내가 편하자고 남을 괴롭혀 만족을 얻는다면, 그 또한 빚을 지는 것이 아닌가. 언제나 만족의 정도를 알기에 그는 마음의 빚에 쫓기지 않는 부자였다.

이런 춥고 고요한 겨울밤이면 이따금씩 문밖에서는 알 수 없는 소리가 들려온다. 땅이 움직이고 있는 소리이다. 한겨울이지만 땅은 다가올 봄을 위해 게으름을 피우지 않았다. 묵은 해의 마지막 절기인 대한(大寒)과 새해의 첫 절기인 입춘(立春) 사이는 신구간(新舊間)이라 부른다. 가신(家神)들이 자리를 비우기 때문에 동티가 날 염려가 없어 집안을 손보기 좋은 시기이다. 춤추는 농사꾼 이윤석이 긴 겨울 동안 잘 다져놓은 고성의 바닥들에는, 돌아오는 봄 신명 난 춤판에 펼쳐질 것이다. 그래서 그는 오늘도 춤판과 들판 돌아보며, 봄을 기약하고 있다.

"대한(大寒) 끝에 양춘(陽春)이라 안 하나?
내 인생을 계절로 치면, 지금이 겨울 아니겠나. 이제부터 재미 보는 기다."

농사꾼의 덧배기춤

글 · 무보채록 성지혜

고성오광대 기본무 정립 배경

'소리는 호남 춤은 영남'이란 말이 있듯이 영남에는 여러 지역에 많은 춤들이 전승되고 있다. 그중 탈춤은 낙동강 동편에서는 들놀음[野遊] 서편에서는 오광대(伍廣大)란 이름으로 곳곳에서 추어졌다. 현재는 동편의 수영야류와 동래야류, 서편에 통영오광대, 고성오광대, 가산오광대가 국가무형문화재로 지정이 되어있다. 오광대나 들놀음이나 모두 내용은 대동소이한데, 춤은 무용극처럼 양반춤, 말뚝이춤, 할미춤 등등 각각 배역에 따라 각기 다른 춤이 추어지니 영남 탈춤의 춤사위는 '춤은 영남'이라는 말을 실재적으로 증명하고 있는 셈이다.

그중 고성오광대는 1974년 전수를 시작한 이후부터 지금까지 전국의 수많은 대학생들이 배우고 갔다. 〈고성오광대 연희 약고〉에 의하면 '매년 여름 겨울철 마다 각 10주간, 일년에 20주를 매주 평균 5개 대학의 탈패와 농악패들이 일주일씩 머무르며, 하루종일 탈춤을 익힌다. 일년이면 약 1500명의 수료자들이 나오고, 20년 정도를 곱하면 약 3만 명 정도가 고성오광대를 거쳐갔다.'

글이 써진 1994년 이후인 지금도 여름이면 한주에 8개 대학 정도를 유치해 4만이 넘었다 한다. 이들은 무용 전공자가 아닌 대학에서 마당극을 꾸미거나 풍물굿을 꾸미는 일반 대학생들이다. 그러나 우리나라에 이렇게 많은 사람들이 동일한 순서의 춤을 추는 것을 생각하면 경이로운 기록이 아닐 수 없다.

  필자가 고성을 찾은 것은 2006년, 고성 출신의 무용가 황무봉(黃舞峰, 1930~1995) 연구를 위해서였다. 일본에서 태어나 고성에서 자란 황무봉은 외종조부(外從祖父)인 천세봉에게 춤을 배웠는데, 천세봉(千世鳳, 1892~1967)은 김창후(金昌後, 1887~1965), 홍성락(洪成落, 1887~1970)과 함께 고성오광대의 중시조로 불리는 3인중의 한사람이었다.
  참으로 놀라운 일이었다. 천세봉의 전통춤이 황무봉 선생에게 전해져 김매자 김현자 같은 한국창작무용의 선각자들을 키우고 이영희, 양선희, 김미숙, 강미선, 정선혜, 박경랑 등 무용교육의 중추세력을 양성한 것이다.
  그리고 춤의 본바탕이 고스란히 남아있는 고성오광대의 춤사위는 조용배(趙鏞培, 1929~1991), 허종복(許宗福, 1930~1995) 등의 후계자 명무들에 전승되어 70~80년대 '탈춤 붐'이라는 말이 있던 시절부터 수많은 대학생들이 찾아왔다. 그리고 '탈춤 붐'이 사라진 1990~2000년이 넘어가면서도 전국 대학 문화패에서 해외까지 전수되고 있는 것이다. 전통연출가 진옥섭이 작명한 1999년 예술의전당에서의 공연 〈춤의 고을, 고성사람들〉이란 제목이 얼마나 잘 지어진 것인지 실감하는 순간이었다.

  고성오광대보존회에서 전수하는 기본무는 처음부터 존재한 것이 아니었다. 1970년도 초까지만 해도 춤꾼들은 선생들의 춤을 보고 흉내내는 형식으로 배웠다. 선생의 몸짓을 그대로 이어받는다는 것은 상당히 어려웠다. 언제나 즉흥적이었고, 매 공연마다 달랐던 것이다. 결국 시행착오를 거듭하며 흉내내서 익혀야

청노새 청노새 2

1999년 예술의전당 〈춤의 고을, 고성사람들〉의 기본무. "청노새~ 청노새" 불림이 터지자 고성춤을 배워간 청년들이 뛰어들었다. 조용배, 허종복과 함께 이윤석이 다듬어 온 기본무, 4만이 넘는 사람들이 배워간 무용사에 유례없는 춤 레퍼토리다.

했으니 전수가 아닌 전승일 뿐이었다.

    고성춤의 전수 체계를 고민하기 시작한 것은 '전국민속놀이경연대회'에서 1973년 국무총리상, 이어 1974년에 대통령상을 수상하면서 전국에 널리 알려지면서부터였다. 1974년 부산 개성여상 담당자가 관심을 가져 20명의 학생을 데리고 고성오광대에 전수를 받으러 왔다. 그러나 학생들이 머무는 20일 내내, 선생들의 춤은 매번 달라졌다.
    일관성이 있어도 어려운 춤인데, 매 순간 바뀌니 혼란의 연속일뿐이었다. 결국 선생들 스스로도 이래서는 전수가 어렵겠다. 이 춤을 짧은 시간에 학생들도 받아들일 수 있는 체계를 갖추어야 한다는 필요를 느끼게 되었다. 고성오광대의 기본 몸짓이 있어야 한다. 그러려면 어떻게 해야 하는가 고민하게 된 것이다.

"조용배, 허종복 선생님 두 분이
워낙 타고난 춤직인 기질을 지니셨고, 예전의 놀이판이나
기방에서 놀아봤던 분들이기에 나름대로의 춤사위들을 가지고 계셨지.
윗대 선생님들이 놀이판에서 추었던 몸짓을 기억하면서
자기의 춤사위들을 접목시키며 하나에서 열을 만들어갔지.
허종복 선생님이 중심적 역할을 하셨지.
1975년도 조용배 선생님이 개인적인 사정으로 고성을 떠나셨기 때문이야.
1975년 내가 들어갔을 때에도 앞, 뒤 순서가 조금 왔다 갔다 할 때였어.
허종복 선생님이 말뚝이를 하시다보니,
아무래도 말뚝이 동작이 많이 들어갔지.
고성오광대 말뚝이 춤에서 큰어미가 하는 동작과 비슷하다.
부정거리라는 주위를 맑게 하는 몸짓. 또 양반춤의 춤사위도
'도포말이'라든지 그런 춤가락들을 뽑아서 기본무가 되는

체계를 갖추었지."

이후 이윤석이 고성오광대에 입회한 후에도 기본무는 이리 저리 변했다. 또 스스로 만든 춤 순서를 스스로 지키지 못하는 것이었다.

"1975년 공주사대 학생들이 전수를 왔었어.
선생님들이 주로 지도를 하시는데 옆에서 따라 하면서
그 흐름을 숙지하고 있다가,
그 다음 해에 선생님들이 가르치실 때 옆에서
'선생님 이 순서입니다' 하고 알려드리곤 했지"

고성오광대의 기본무가 이렇게 순서가 잡혀가며 정립되었다. 당시 주도적인 노력은 조용배와 허종복이었는데, 조용배는 늘 고성을 떠나 진주나 광주 그리고 부산 동래온천장 등으로 풍류여행을 떠나 있었다. 고성오광대의 기본춤의 전수는 허종복에 의해서 주도되었고 허종복은 자신의 배역이었던 말뚝이춤을 중심으로 기본무의 체계를 갖추어 갔고 이윤석은 옆자리에서 춤을 보좌했다.

이윤석은 1975년에 보존회에 입회하여 제일 먼저 배운 것은 정립 중인 기본 춤이었다. 1976년에 문둥북춤을 전수했다. 문둥북춤은 홀로 추는 춤이기에 비중이 큰 배역이었다. 조용배의 배역이었는데, 늘 고성을 떠나 있었기에 공연이 생기면 기별을 받고 공연 당일 행사장에 도착했다. 그러다 보니 공연에 참석치 못하는 경우도 있었다. 이런 이유로 이윤석에게 일찍 역할이 주어져 만일의 사태를 대비한 것이다.

조용배가 참석하면 이윤석은 양반과장에 군무로 나오는 젓양반, 3과장에서 마당을 힘껏 뛰어다녀야 하는 비비를 맡았다. 조용배는 승무도 겸하고 있었는데, 승무는 박갑준에게 전수하여 대역을 맡게 했다. 그러나 박갑준이 병이 나자 결국 승무도 이윤석이 전수를 받아 출연했다. 승무는 천세봉-조용배-이윤석으로 이어지는데, 훤칠한 장신으로 장삼을 뿌리는 춤태가 인정되어 80년대 이윤석의 주된 배역은 승무가 되었다.

80년대 중후반에 들어서서는 대학생 전수의 틀이 분명하게 잡혔다. 일요일에 전국에서 몰려들어 입소한 학생들이 월요일과 화요일 오전까지 기본춤을 배우고, 화요일 오후에 자진모리장단인 덧배기를 배웠다. 수요일부터 과장별 배역 연습을 하고 토요일에 학교별 공연을 하고 퇴소한다. 이윤석은 허종복과 함께 기본춤을 가르쳤고, 배역으로 문둥북춤과 승무를 지도하였다.

90년대에 들어서서 조용배가 타계하고 허종복이 몸이 좋지 않게 되면서 고성오광대의 상징 같은 말뚝이춤을 이윤석이 맡게 되었다. 조용배에게 승무와 문둥북춤을, 허종복의 말뚝이춤을 거친 이윤석의 무법은 두 명무의 기법이 습합되어 '늙직하면서도 활기찬 이윤석의 무법'으로 전수되고 있다.

춤꾼의 신구간 1
"나는(허종복) 서산에 기우는 해다, 앞으로 고성오광대의 새로운 해는 이윤석이다." 신들의 신구간처럼 '춤일'을 이양받았다. 90년대 장쾌하게 도약하던 춤 전수를 전광열(오른쪽 검은 옷)이 보좌했다.

춤꾼의 신구간 2

덧배기춤의 마지막, 흐드러진 꽹과리 가락에 판을 맺으며 돌아 나간다. 상쇠는 신임 고성오광대보존회장 전광열이고 춤꾼은 이윤석이니, 춤꾼의 신구간을 위해 미리 찍어둔 무대 위의 이취임식 같다.

춤추는 사내들

농악판에서 탈판에서 온 그들이 무대에 들어섰다. 정월이면, 초파일이면, 단오가 되면 판을 벌였으니, 수백 년 정기공연을 이어왔던 춤의 결사들이다. 전날 스승들과 어울리던 문장원, 김덕명과 함께 섰다.

이윤석의 〈덧배기춤〉

이윤석이 추는 춤을 무용계에서는 '이윤석의 덧배기춤'이라고 부른다. '덧배기춤'이란 원래 경상도에서 남자들이 즉흥적으로 추는 춤을 말하는데, 옛 춤꾼들이 모두 타계하고 이윤석의 헌걸찬 몸짓이 애호 받으면서 '덧배기춤'은 이윤석의 춤 이름이 되었다. 이윤석의 춤이 탈판이 아닌 곳에서 따로 추어진 것은 1997년 일본 나고야에서 열린 진혼제에서 춘 말뚝이춤이다. 단체가 아닌 개인으로 무대에 나선 첫 번째 계기가 되었다. 1998년 '제1회 서울세계무용축제' 중 예술의전당 토월극장 〈명무초청공연〉에서 처음으로 탈을 벗고 무대 위에 올라섰다. 기본무를 중심으로 춤을 추면서 프로그램에 춤의 이름을 '덧배기춤'이라고 했다. 농사꾼의 몸짓이라 했지만, 정교한 몸놀림과 큰 동작은 단숨에 주목을 끌었다.

"무대에 김수악 선생과 함께 춤을 추는데, 내 설자리가 아닌기라,
우리 조용배 선생님이 스셔야 되는 자리,
우리 허종복 선생이 서야 되는 자리인데,

반열의 무대

언제나처럼 민복 한 벌로 나섰다. 춤판과 농사판을 시계추처럼 오간 사이 어느덧 올라선 반열의 무대. 최선, 정재만, 임이조, 이흥구, 채상묵, 국수호, 조흥동. 당대 최고봉과 함께 섰다.

두 분 다 그 좋은 순간을 못 기다리시고 가버리신 거지,
탈을 벗으니 쑥스럽기도 했지만 선생님들 생각에 춤을 어찌 끌고 갔는지,
춤한테 질질 끌려댕겼는지 도무지 분간이 없어…"

1999년에는 예술의전당 자유소극장에서 〈춤의 고을, 고성사람들〉을 공연했다. 고성이라는 고향의 지명을 강조한 덕분에, 원했던 대로 고향을 떠난 사람들이 극장에 몰려 전석매진이 되었다. 또한 고성에서는 국회의원, 군수, 지역의 유지들이 차를 대절해 예술의 전당에 모여들어 전 과장을 감상했다.

"지역에서 공연하면 지역의 지도자들이 와서
인사말만 하고 금일봉 주고 떠나는 거지, 서울의 극장에 앉으니
나갈 수는 없고, 그런데 유심히 보니 재미나거든, 세상 어디에서 이름나도,
지역에서 모르면, 옛말로 비단옷을 입고 밤에 다니는 금의야행인 택이지,
지역민의 애호를 받아야 지역의 춤이기, 다음날 군수는 군청조회에서
고성 공무원이 진급하려면 오광대춤을 배워야 한다고까지 말했다 하고,
대개 박수는 허망한 것이거든, 그런데 그런 때는 살맛 나지"

탈을 벗고 춤을 추는 〈춤의고을, 고성사람들〉은 무용계에 고성의 탈춤이, 도제적인 춤 수업으로 정교한 무법을 가진 남무의 집합으로 인식시키는 중요한 계기가 되었다. 특히 이윤석이 독무로 춘 덧배기춤이 점차 익숙한 이름이 되게 했다. '춤의 고을 고성'이라는 한마디가 애향심을 부추겨 각처의 향우들이 공연을 요청해 부산, 울산, 창원 등을 순회하며 공연하였다.

2002년 11월에는 코리아소사이어티의 초청으로 미국 호놀룰루, LA, 센디에고, 뉴욕, 워싱턴, 필라델피아 6개 도시 순회공연을 했다. 총 5과장을 원형대로 탈을 쓰고 추었고 중간에 이윤석의 덧배기춤을 넣었다.

"도둑질도 자주 하면 질이 나더라고. 처음에는 어색스러운데,
점점 춤을 고민하게 되고 다른 사람의 춤을 살펴보게 되더라고 아무래도"

2000년 국립무용단의 배정혜 감독은 〈사인사색, 나흘간의 춤 이야기〉에 이윤석을 초대하였다. 송범, 최현, 조흥동, 국수호 등의 무용계 대표적인 안무가들의 작품을 올렸고, 영남춤이라 하여 김덕명, 김온경, 이윤석, 하용부를 무대에 올린 것이다. 이때 이윤석이 춤을 국립무용단 단원들에게 전수하였고 이를 무대화해 함께 출연하였다.

2002년 〈남무, 춤추는 처용아비들〉 호암아트홀에서 열린 공연은 언론의 큰 관심을 받았다. 승무, 살풀이춤, 태평무에 한정한 전통춤의 인식을 넓히고, '남무'라는 개념을 일깨웠다. 다음해 문예회관연합회의 초청으로 전국을 순회공연 하였다. 이 공연을 통하여 이윤석 덧배기춤은 점차 전통춤의 주요 레퍼토리 하나로 자리 잡게 되었다. 이후 2006년 프랑스 몽펠리에 댄스페스티벌에 초대된 〈전무후무〉에 출연하였고, 2009년 한국문화의집의 〈팔무전〉, 이후 2011년에 다시 〈팔무전〉에 초대되는 등 숱한 무대에 오르며 우리시대의 명무로 각인되었다.

"사람이 제 춤을 추어야지, 고성춤은 동작은 순서를 가지고 배우지만
자기가 출 때는 제 스스로의 춤길을 가야지, 선생님들은 그것을
'섞어잽이'라고 하셨지, 그날그날 분위기에 따라 자기 춤을 추는 거야"

이윤석의 덧배기춤은 고성오광대의 기본무로 정립된 춤과 배역에서 추어지던 춤이 주축이 된다. '섞어잽이'란 춤을 섞어서 춘다는 뜻으로 즉흥의 의미를 내포하고 있다. 그간 이윤석의 덧배기춤은 고성오광대의 춤을 즉흥적으로 엮어 춘 것이다. 춤사위와 춤사위 사이의 연결동작은 이윤석만의 독특한 춤이 되어갔다.

덧배기춤 무보
Sheet Dance

국가무형문화재 제7호 고성오광대 기본무

실연 이윤석 (예능보유자)
글·채보 성지혜
사진 이정환

덧배기춤

이윤석의 덧배기춤은
탈을 벗고 추는 춤이기에 춤과 함께
살아 움직이는 표정이 돋보인다.
덧배기라 일정한 순서 없이 즉흥적으로 추는
즉흥춤, 허튼춤이다.

이윤석의 덧배기춤은 고성오광대 과장들에서 나오는
춤사위들을 엮어서 즉흥적으로 추는 것이 묘미이다.
평자는 이윤석의 덧배기춤을 무보로 채록하면서
고성오광대의 기본무 원형의 순서대로 추기를 요청하였다.
즉흥적인 덧배기춤이라 채록하는 것이 용했지만,
순서를 가진 춤이라야 적확한 무보 채록이 가능하기 때문이다.
아울러 기본무를 채록하면
그간 고성춤을 배워 간 사람이 다시
춤을 찾는 제기가 될 것이고,
새로이 접근하려는 사람에게 중요한 입문서가 될 수 있기 때문이다.
그러나 이윤석의 지론대로
스승들이 만든 고성오광대 소유의 춤이기에,
누가무용문화제 제7호 고성오광대 기본무라 밝히었다.

"훌떡 실리고 짝바운 죽이라"

굿거리장단으로 춤을 추는데,
한나~ 두울~ 세엣~ 네엣~
홀수 장단은 도움을 하고 짝수 장단은 오금을 한다.
특히 세엣~에 호흡을 쭉 들이올리며 산타는 "강하게 산타는 큰 도움 동작이 나온다.

"살짝 쥔 듯이"

닷배기춤을 출 때
손 모양은 계란 하나 잡은 것처럼
살짝 둥글게 해준다.
자연스러운 모습이다.
얼가에 살짝 머금은 미소에
춤추기 전 여유로움이 느껴진다.

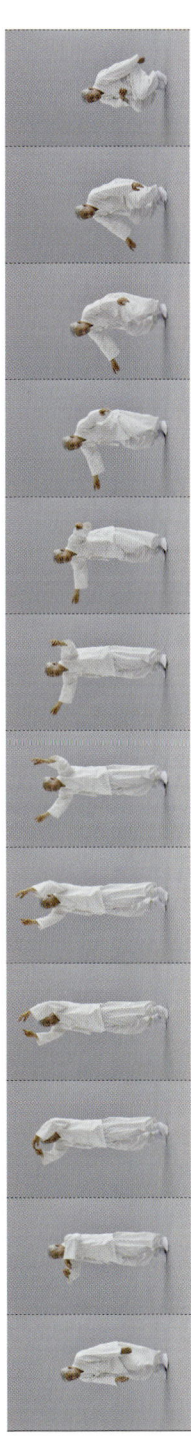

"흐름이 춤이다"

살아있는 사람이 추는 춤이기에, 한순간도 멈추지 않는다.
한순간도 흐름이 끊기지 않는다는 것이다. 어떤 흐름에도 한 방향으로 정하지도 않고, 끊임없는 흐름 속에서 추어지며, 잠시 멈춘 동작은 다음으로 흐르기 위한 연결 동작이 되고, 끊임없이 방향 전환을 이루며 흘러가는 자연의 호흡을 닮은 춤이다.

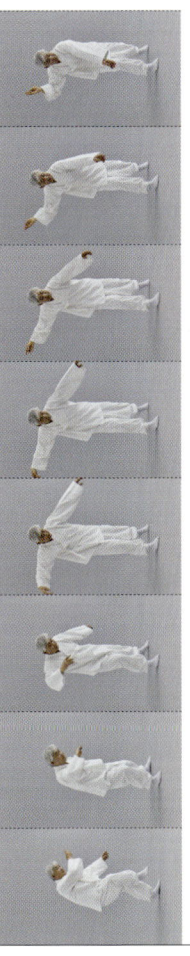

"흐름을 깨는 게 베기가락"

베기 동작(사위)이란 나쁜 것을 채내기 위한 몸짓이라 할 수 있다.
칼을 뽑아내듯이 팔을 앞으로 탁 쳤다가 다음으로 이어진다.
나쁜 것 시악한 것을 후려치는 것이다. 앞의 움직임 잘 흘러야 베기 동작(사위)이 두드러진다.
멈춘 동작은 다음으로 흐르기 위한 연결 동작이 되고,
끊임없이 방향 전환을 이루며 흘러가는 자연의 호흡 속의 움직임이다.

"배기기가 고성춤이지"

흐름 속에 최고의 넘춤은 배김새이다. 배기기 직전 최대로 도약하고 땅에 꽂듯이 배긴다.
세엣~에 호흡을 올렸다가 내엣~에 도약하며 땅에 배긴다.
배긴사위는 사위한 것을 매장시킨다, 묻어버린다, 내동댕이치다, 내리 꽂는다는 의미를 함축하고 있다.

"입신동체가 죽이지"

배김새의 마지막으로 가장 높은 동작에서 낮은 땅으로의 길이 내려간다. 본인으로 내려간다. 강하게 내다 꽂는 동작이다.
모두 같은 방향을 보고 같게 되매 마저 기왓장이 켜켜이 쌓이듯이 앞사람 등을 보고 같게 된다. 위와 아래가 아닌 앞과 뒤만 있을 뿐이다.
이윤석 선생은 "흐트러진 마음을 모두 한마음으로 같은 곳을 바라보는 것"이라 하였다.
모두 한마음이 되면 못할 것이 없다는 것이고 절국 마음이 가장 중요하다는 것이다.
춤을 출 때도 나는 너, 너는 나가 아닌 우리라는 공동체를 이야기한다.
본인이 가진 역량보다 더 바라면 욕심이라 하시고, 본인이 가진 것에서 만족할 줄 알면 문제 될 것이 없다고 한다.
몸한 모음 하시며 참으로 편안하고 쉽게 답한다. 댓배기춤이 가진 가장 역동적인 움직임 속에 우리의 삶이 들어있다. 삶 속에 춤이고 춤 속에 삶이다.

"딛배기는 굿거리가 이어야 나온다"

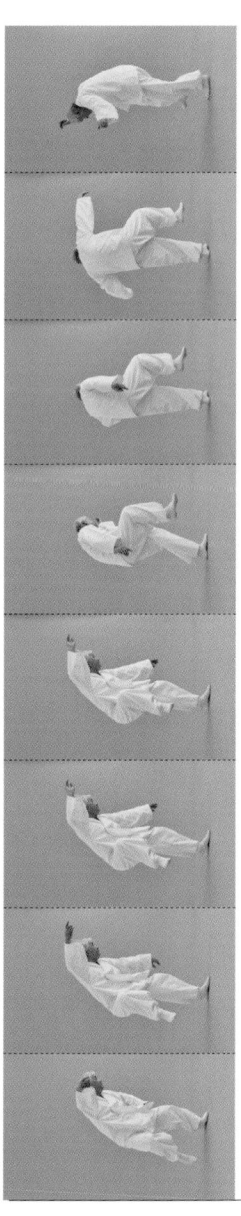
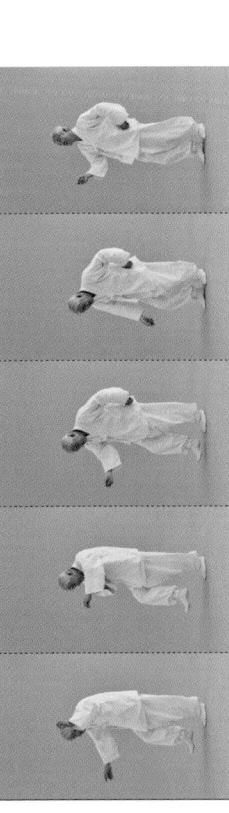

굿거리장단 다음 딛배기장단으로 넘어간다. 딛배기장단은 자진모리장단이다.

딛배기 동작에서 몸의 중심축을 잡고 기하학적인 동작 속에서 균형을 잡아가는 묘기가 있는 춤사위이다. 호흡이 끊어질 듯 이어지는 가장 독특한 춤동작이라 하겠다. 이윤석 선생님께서는 춤을 흐린다고 생각하면서 생각하면서 춤을 흐린다는 것, 변해가는 것이라 한다. 자로 잰 것처럼 똑같이 예전 것을 이어갈 수는 없다. '앞 선생님 대에는 이런 흐름 속에서 생각하면서 춤을 추었구나'를 인지하면서 자연스럽게 변해가는 것. 전체를 다르게 바꾸어 본질을 흐리는 변질이 아니라, 변형되어 가는 것이라 할 수 있다. 기본적인 것을 없애버리는 것이 아니다. 자연스러운 흐름 속에서 변해갈 수밖에 없는 것이다. 우리의 춤이 백 년, 이백 년 전의 춤들이 재현하는 것은 어렵다. 변해가는 것을 인정하고 받아들이는 것이다. 내 이후의 사람들이 약간의 흐름을 바꾸는 것, 그것을 자연스러운 변화로 받아들여야 한다. 이윤석 선생님의 춤은 드러내지 않는 그러나 자연스럽게 드러나고 오래 여운이 남는 춤이다. "굿거리가 익고 익어야 나온다"는 이윤석 선생님의 지론에 향후 다시 채보를 노력할 것이다. 아쉽게도 이번 무보 작업에서 자진모리인 딛배기가락은 제외했다.

무진도
舞進圖

무보에서는 무용체에서 통용되는 용어와, 이운식이 춤을 지도할 때 쓰는 고성의 토속어를 섞어 제보했다. 예를 들어 '어깨짓은 어깨를 안을 그리듯이 둥글게 돌린다. '으시개는 호흡을 순간 들며 어깨를 으쓱하는 동작을 말한다. '오금세는 무릎을 굽혀 오금 지에 무을 넣주는 동작을 말하고, '돋움세는 무릎을 펴서 발과 호흡을 느끼는 것이다. '돌신'은 오금세와 돋움세를 취하는 과정이 장의 흐름을 운(韻)이라 하였다.

춤은 앉음 자세 반대 방향으로 돋면서 주는 한마루 구성되어 있다. 무보의 사진은 원안에서 카메라를 바라보며 찍었다. 춤 중 가장 많이 쓰이는 장단을 신태혜 훈대 불수 장단은 "덩 덩따따쿵 궁 개궁따 궁 따쿵따쿵따 궁" "로 채보했고, 장단 무호를 붙는 불수 장단은 ①─②─③─…⑩으로, 옥수 장단은 ①─②─③─…⑩ 으로 무보에 기입했다.

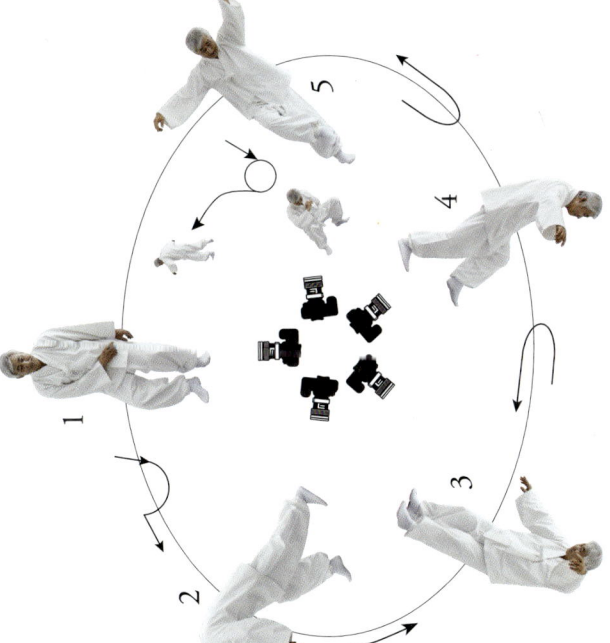

❶ 처음 불림 동작(13장단에서 4장단)은 원 안을 바라보면서 한다. 무보에서는 춤꾼의 정면의 모습이 보인다.

❷ 불림 동작이 끝나면 춤꾼은 오른편으로 45도로 몸을 돌려 전진하며 춤을 춘다.(53장단부터) 무보에는 원앞이 앞 오른발 뒤에 보이는 측면자세가 된다. 춤을에 따라 정면과 측면이 교차되기도 하며 전신을 좌우로 많이 쓰는 춤이 특징이 나타난다.

❸ 첫 번째 배김세가 끝나면 돌리면서 진행방향이 반대로 된다.(32장단부터) 이후 주퇴 춤사위는 오른발이 앞 왼발이 뒤에 보이는 측면자세가 된다.

❹ 두 번째 배김세(서서 배김) 동작이 끝나면 180도를 돌아 다시 원밖이 앞 오른발이 뒤에 보이는 측면자세가 된다.(49장단부터)

❺ 53장단부터는 원 안쪽을 바라보고 뛰어들어 세 번째 배김세동작을 하고 풀면서 다시 돌아나가며 춤을 맺는다. 무보에서는 원 안쪽을 향함 때는 정면 이에서 원 안쪽 이후 빠져나갈 때는 뒷모습이 보인다. 되고, 군무 중 경우에는 세 번째 배김 들어오기 전 자리로 이동한다.

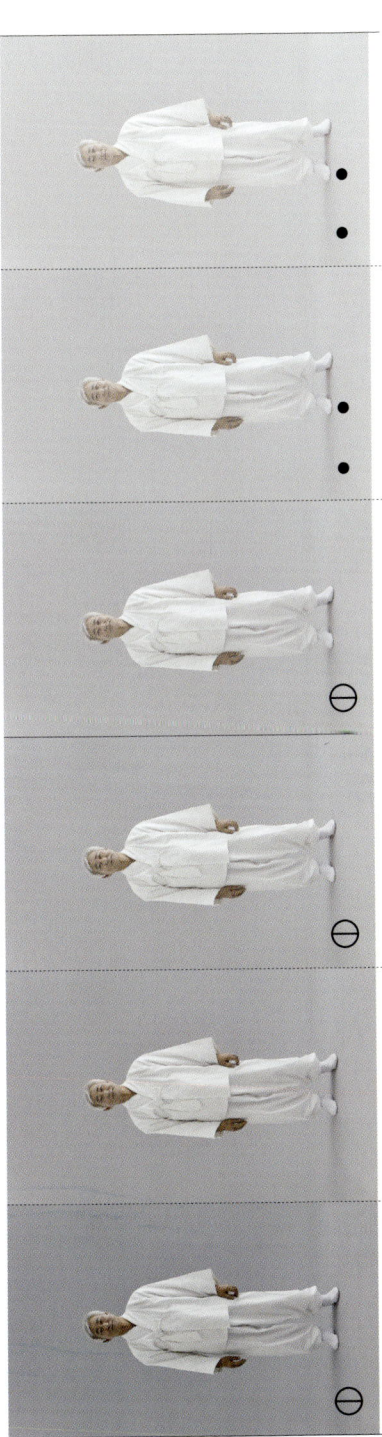

굿거리장단이 나오기 시작하면 한 장단 동안 기다린다.

1 장단

마지막 내쉴 호흡 내디디며 실쩍 왼쪽으로 굽신하며 아래 사위로 감는다.

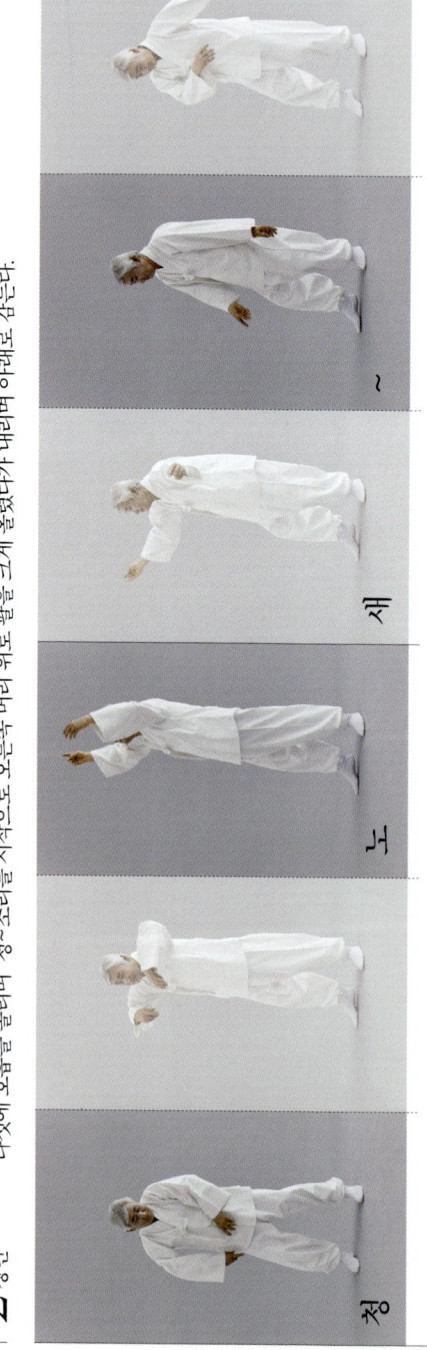

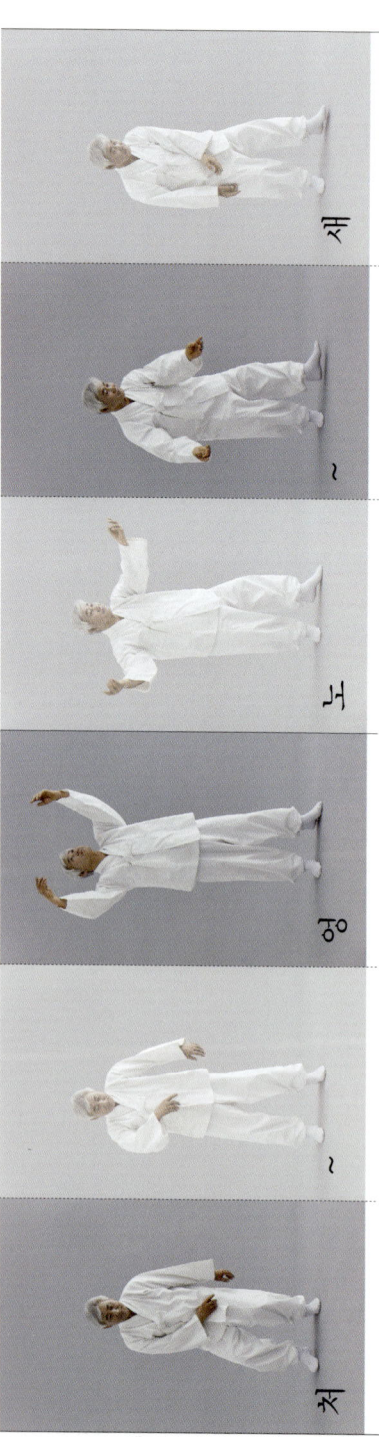

2장단

'청~노~세 청~노~세' 하며 불림소리를 낸다.
다섯에 호흡을 올리며 '청~'소리를 시작으로 오른쪽 머리 위로 팔을 크게 올렸다가 내리며 아래로 감는다.
일곱에 호흡을 올리며 '청~'소리를 시작으로 왼쪽 머리 위로 팔을 크게 올렸다가 내리며 아래로 감는다.

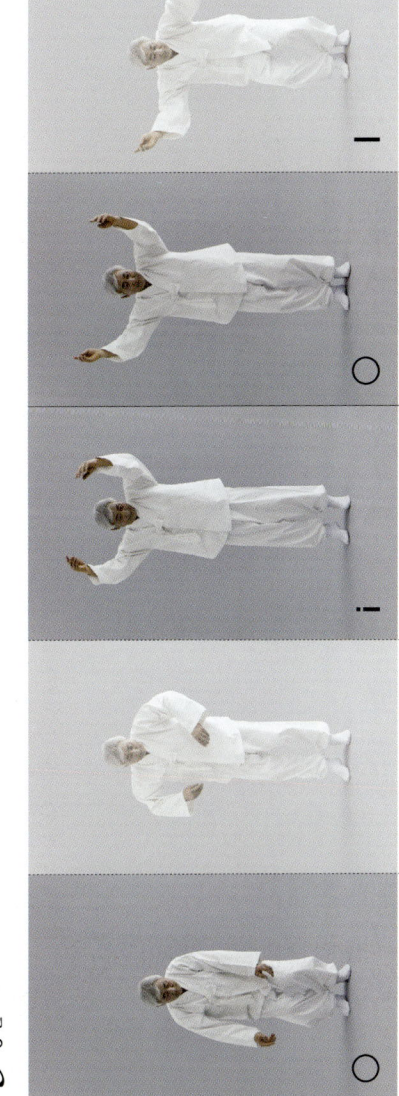

3 장단

오른쪽, 왼쪽 아래로 감는다.

셋 시작에 팔 내리며 굴신하고, 셋 마지막 박에 호흡을 쭉 끌어올리며 두 팔을 위로 들어준다. 넷에 호흡과 같이 팔을 내리며 크게 굴신한다.

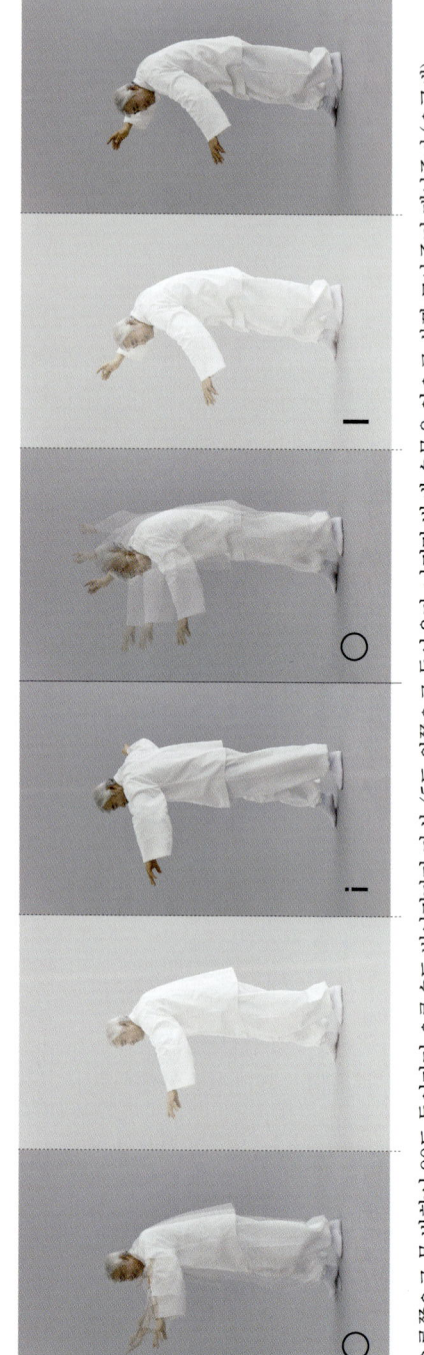

몸을 일으키며 두 팔 들었다가 여섯 박에 오른 손바닥을 '탁' 뒤집으면서 굴신한다.

4장단

오른쪽으로 몸 방향이 90도 돌아가며 오른손도 벌어지다가 다시 45도 왼쪽으로 돌아온다. 마지막 박에 손목을 안으로 살짝 모아주며 맺어준다.(오금새)

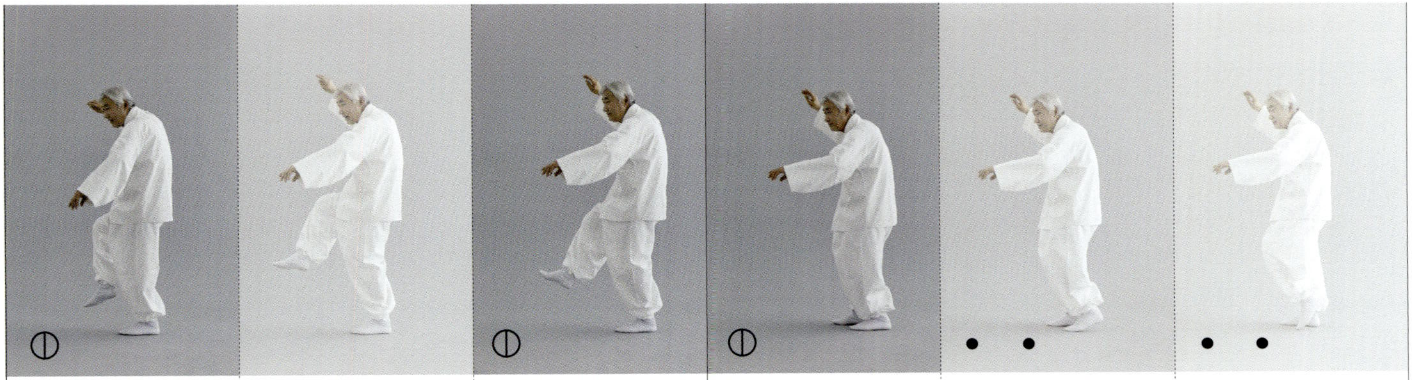

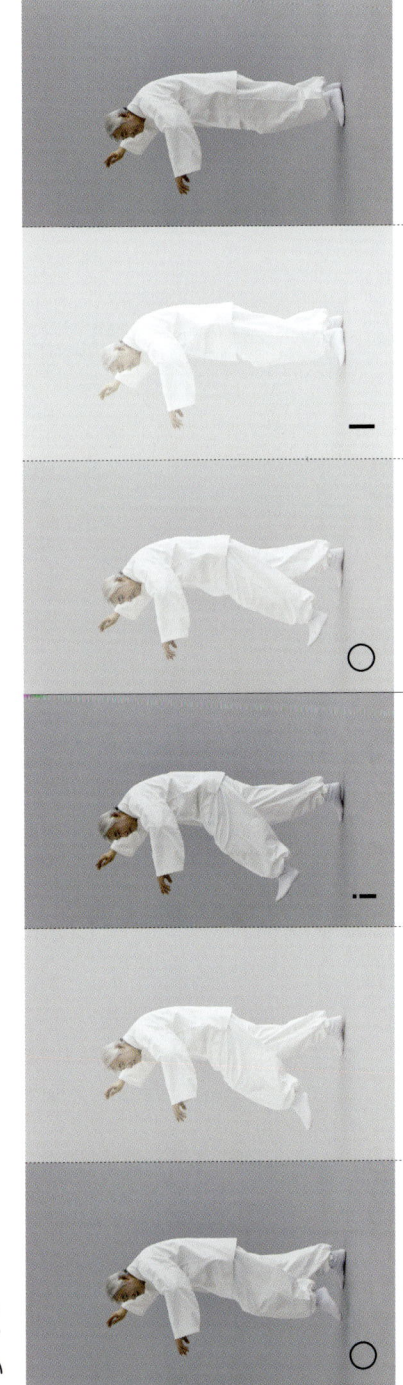

왼손 가슴 앞, 오른손 머리 위로 'ㄴ'자 만들어서 오른발을 크게 들었다가 내린다.(2박 1보, 시계 반대 방향으로 진행)

5 장단

왼발 든 상태에서 셋 마지막 박에 호흡을 쭉 끌어올리며 오른발 돋음 했다가 왼발을 내린다.(2박 1보)

6장단

다섯 박에 왼발을 다시 들었다가 여섯 박에 중심을 왼발로 옮긴다. 이때 오른발은 살쩍 앞쪽 뒤로 든다.

일곱 박에 호흡을 올리면서 오른발을 디디며 오른손은 귀 옆 왼손은 허리 뒤로 감는다.

여덟 마지막 박에 호흡을 내리며 두 손은 앞으로 들고 오른발도 살짝 든다.

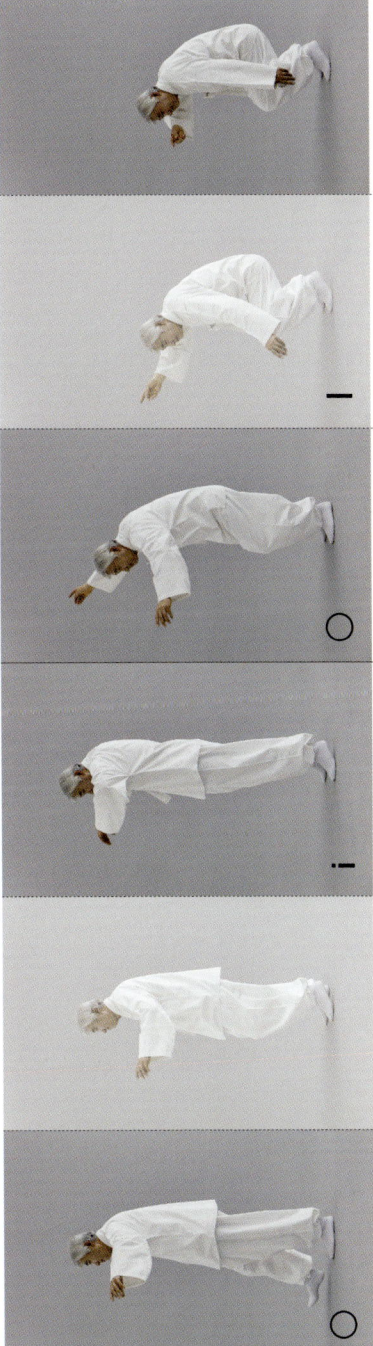

7 장단

오른발, 왼발로 1박 1보 딛는다.

셋 시작 박에 오른발 딛자마자 앞으로 왼발 딛고 셋 마지막 박에 호흡 쭉 끌어올리며 오른손은 얼굴 가까이로, 왼손은 허리 뒤로 가며 몸의 중심을 왼쪽으로 깊게 앉는다.

8 장단

다섯 박에 두 팔 위로 들었다가 여섯 박에 무릎 살짝 굴신하며 두 팔을 내린다.

일곱 마지막 박에 호흡을 쭉 끌어올리며(으시개) 오른팔은 머리 위로 왼팔은 가슴 앞으로 가져오며, 여덟 마지막 박에 굴신하며 맺는다.(오금새)

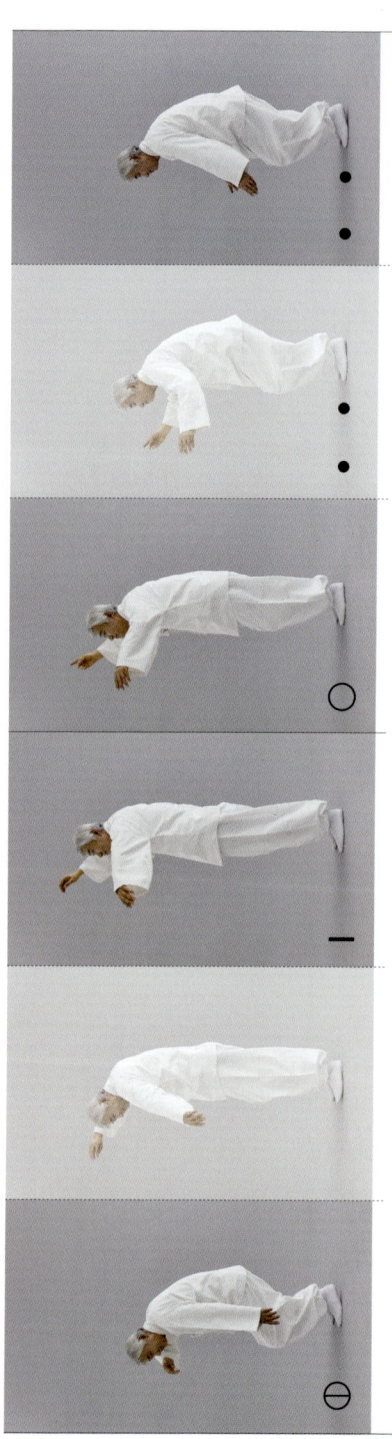

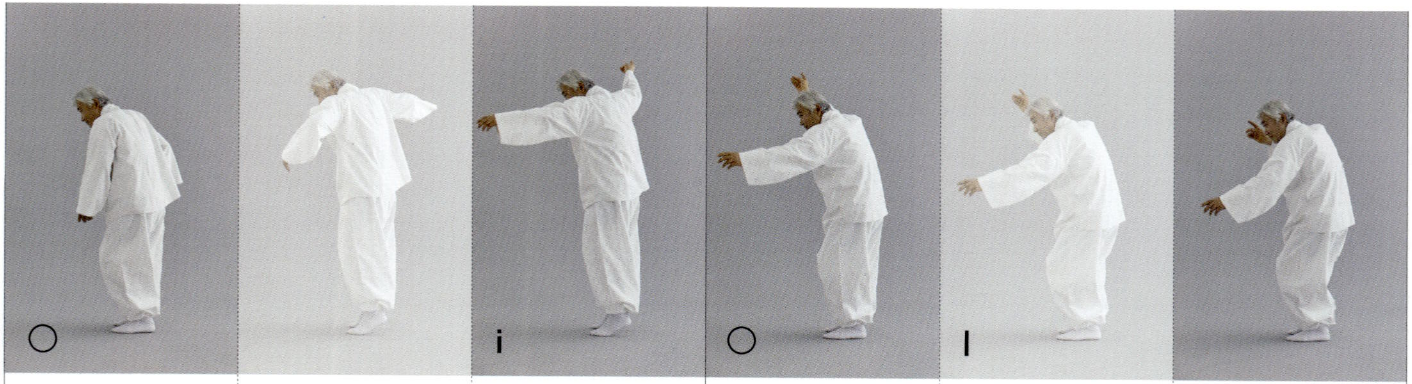

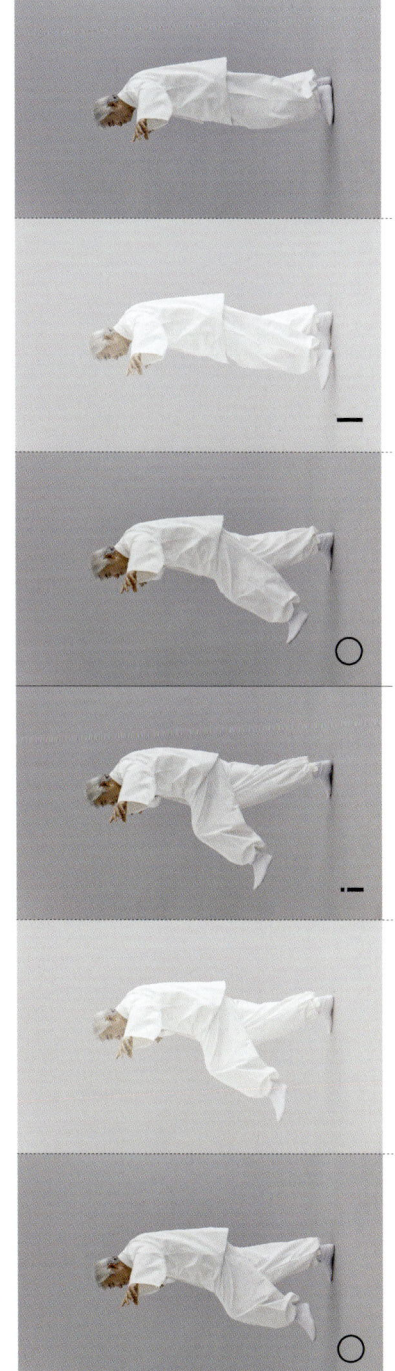

9 장단

두 팔을 어깨 높이로 내린다.(2박 1보)

두 팔을 든 상태에서 왼발 크게 들었다가 셋 마지막 호흡을 밖에 호흡들며 앉으로 내린다.(2박 1보)

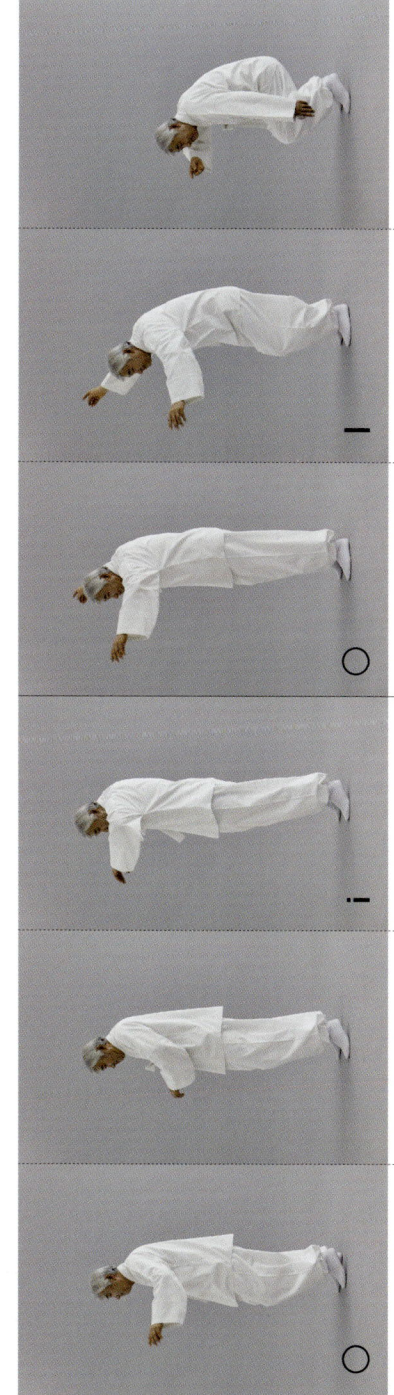

오른발, 왼발 뒤로 1보 로 딛는다.

11 장단

셋 마지막 박에 호흡을 쪽 끌어올렸다가(으시게) 넷 마지막 박에 몸의 중심을 왼쪽으로 두고 깊게 앉는다. 이때 팔은 오른손 얼굴 앞, 왼손 허리 뒤로 감는다.

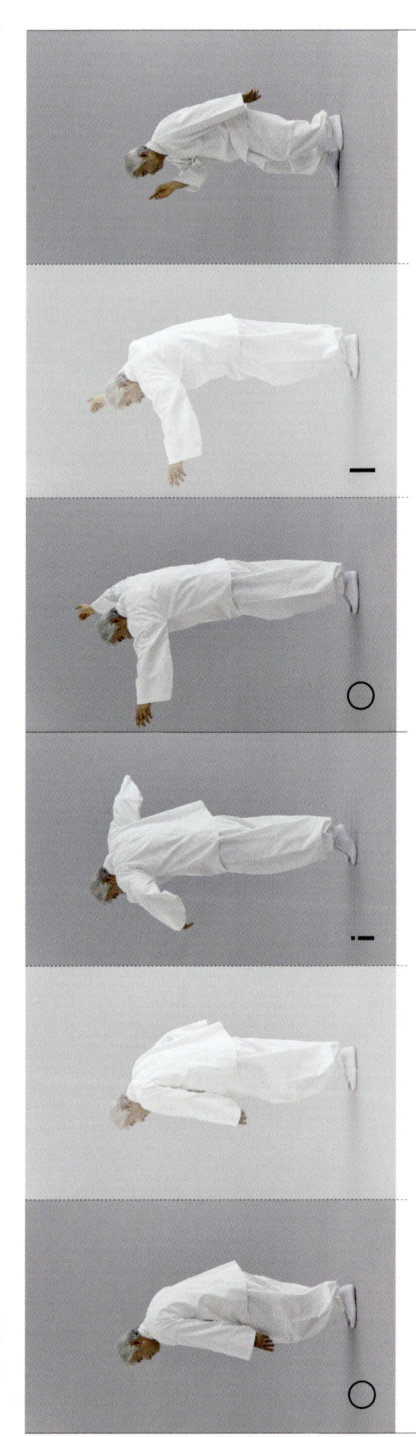

다섯 박에 호흡 올리며 두 팔을 'ㄴ'자로 들었다 내리며 굴신한다.

일곱 박에 호흡 쭉 끌어올리며(으샤) 오른손 허리 뒤로 크게 감았다가 내리며 굴신한다. 마지막 박에 중심이 왼발에 있다.

12 장단

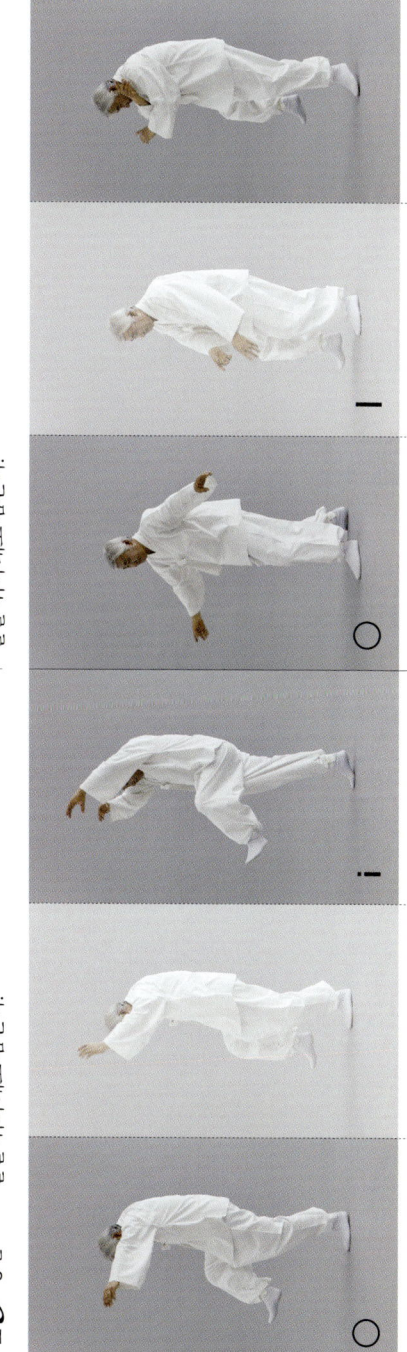

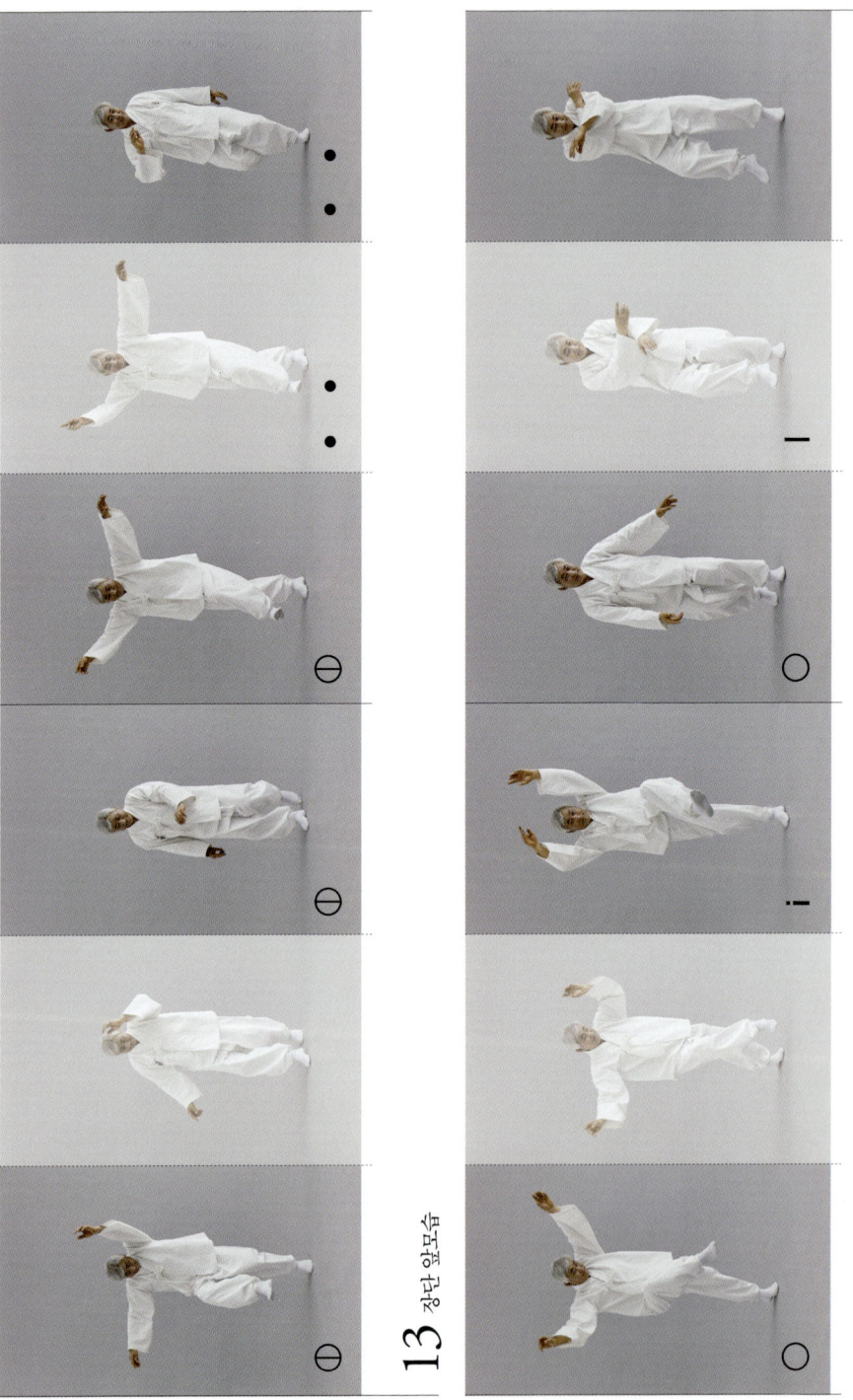

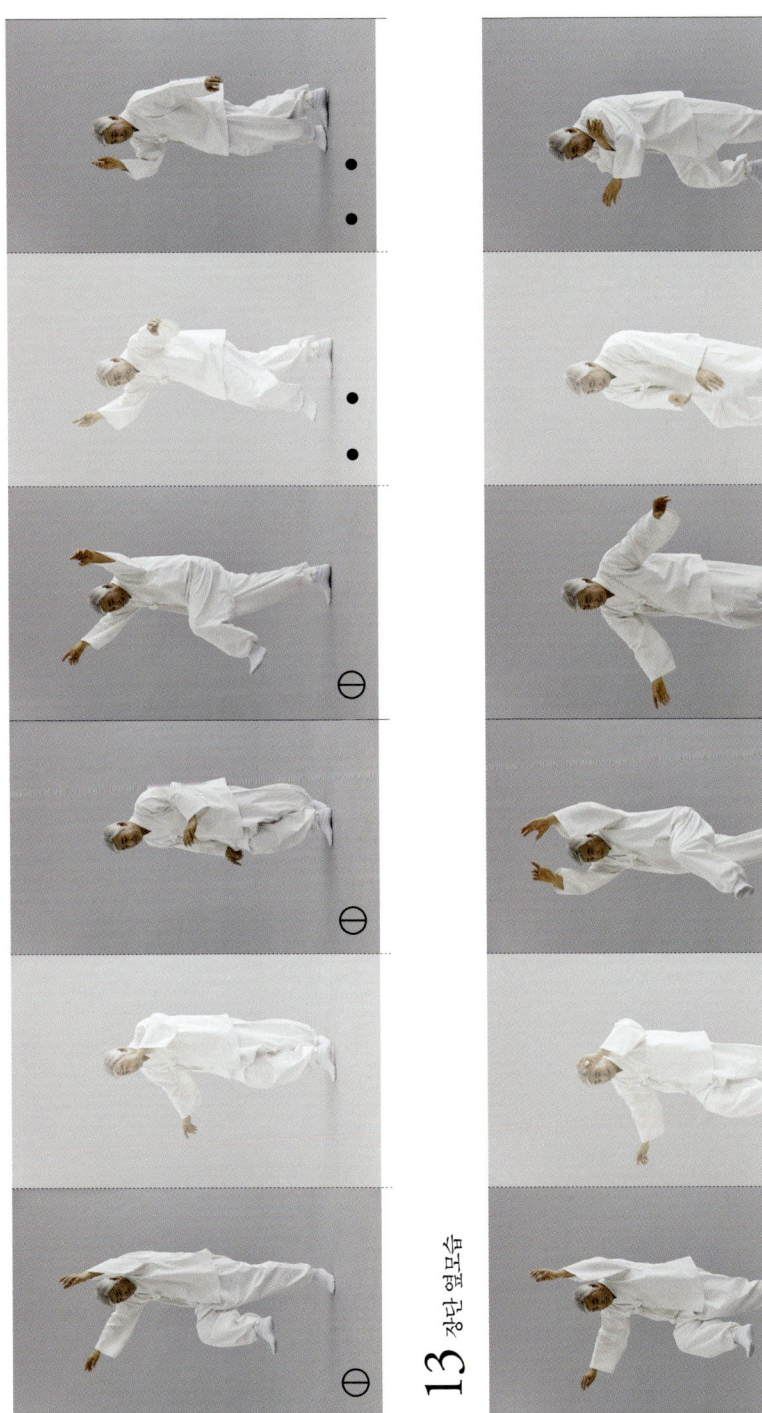

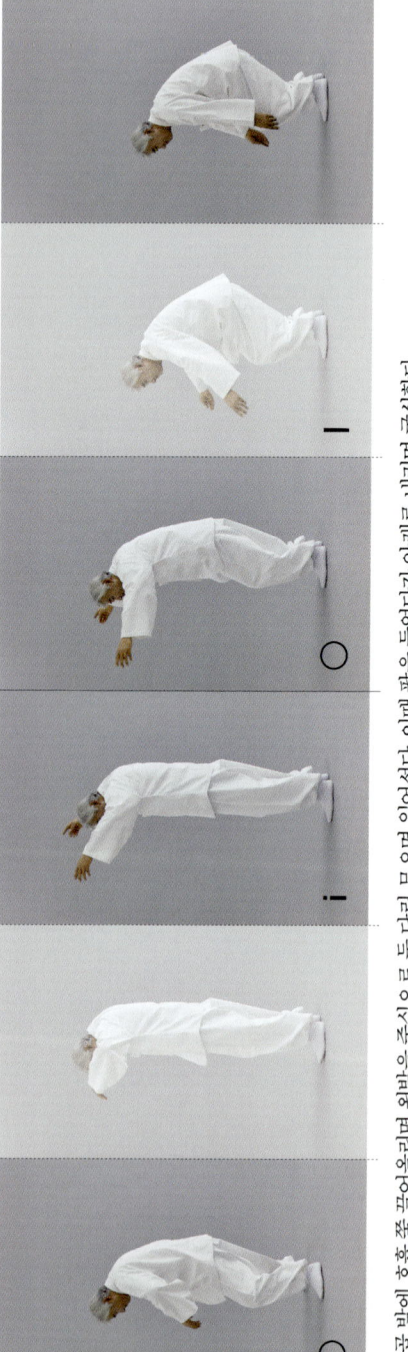

14 장단

① 오른발 앞으로 크게 디디며 두 다리 벌려 앉는다. 호흡 물어올려주며 두 팔을 어깨높이로 벌린다.

① 왼쪽 어깨를 산쪽 비틀며(어깨짓) 굴신하며, 왼쪽을 본다.

① 일곱 박에 호흡 쭉 물어올리며 왼발을 중심으로 빠르게 돌아 일곱 박에 포개 앉으며 두 팔을 모으며 일어선다. 이때 팔을 들었다가 아래로 펴내려 굴신한다.

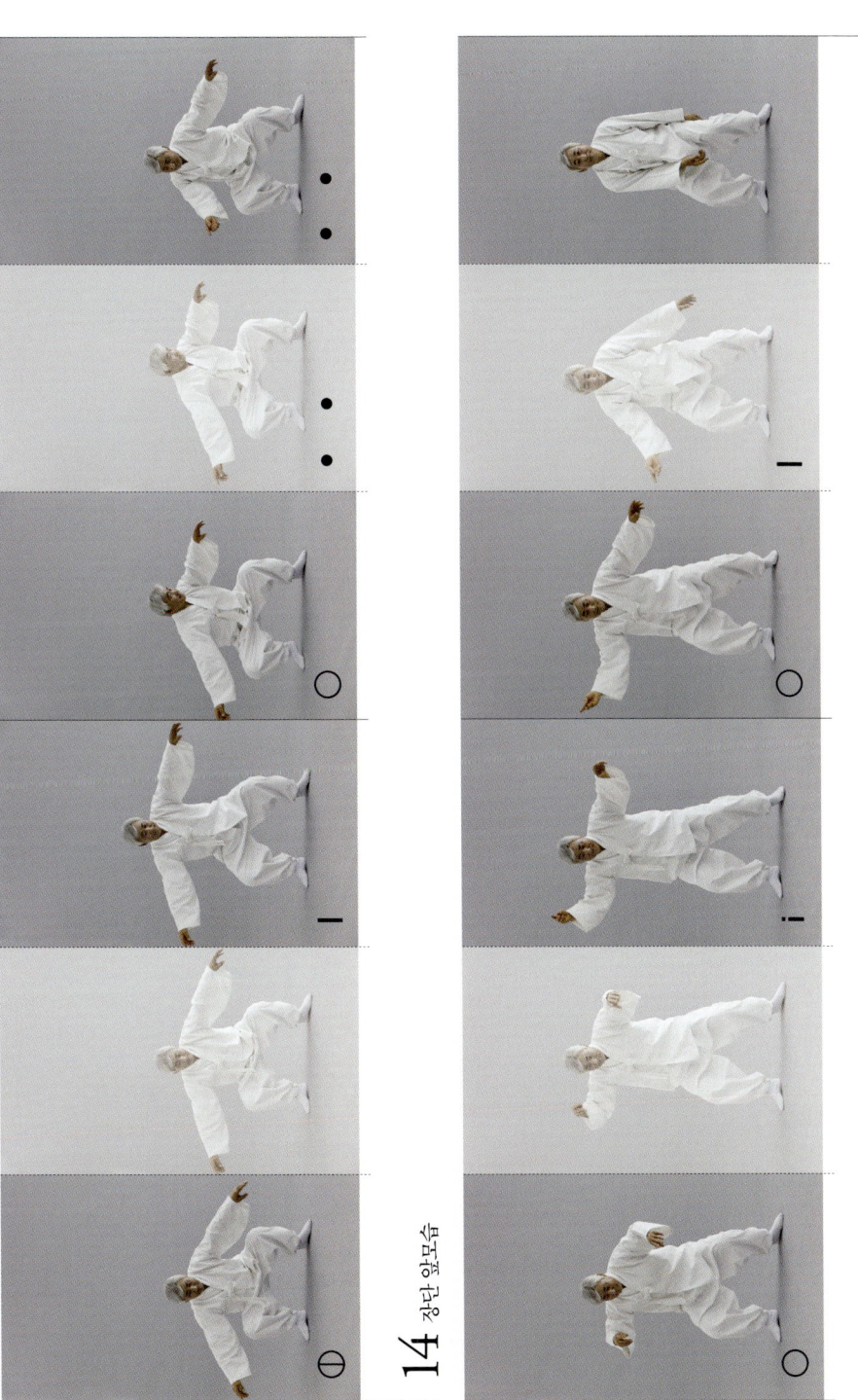

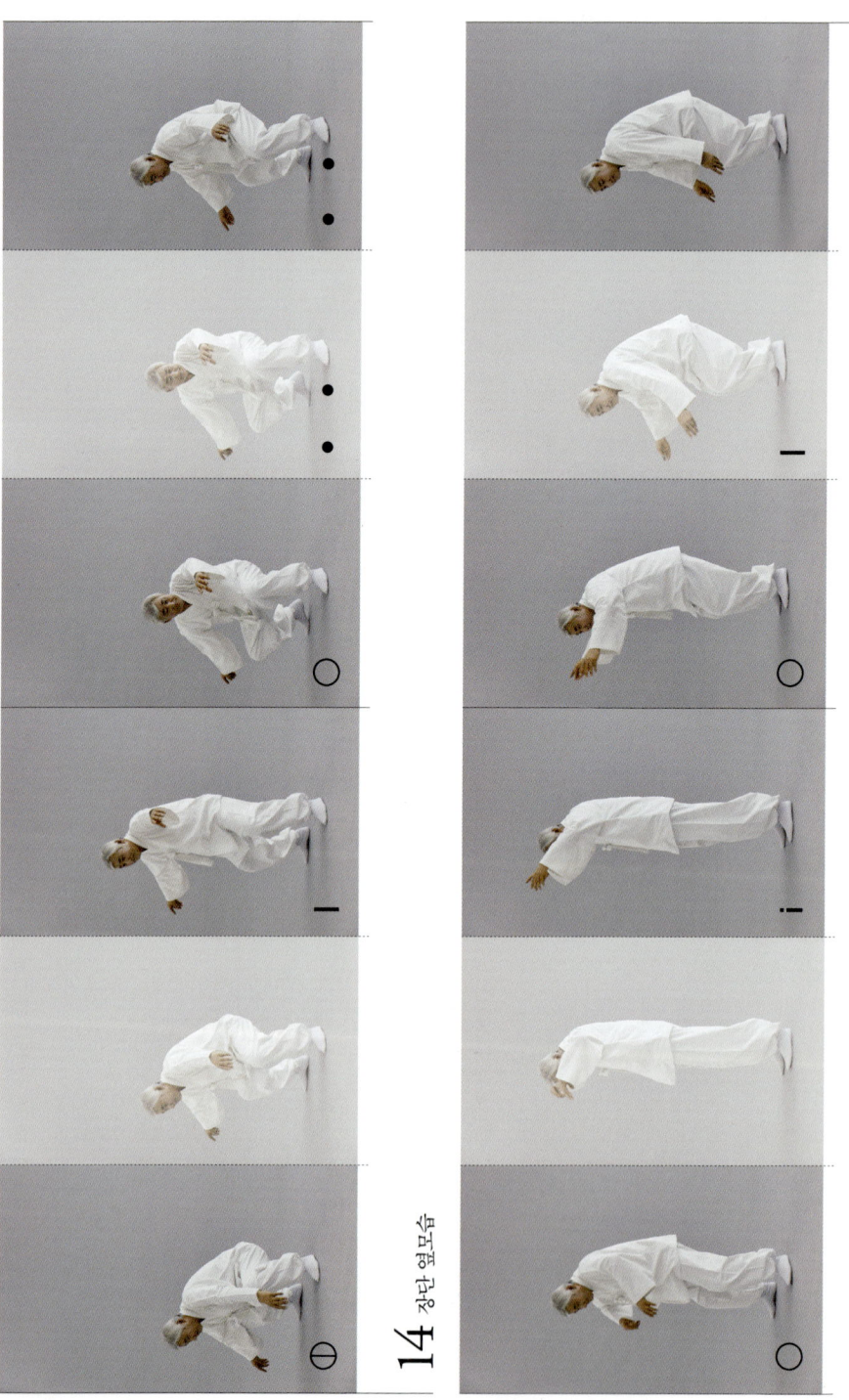

15 장단

첫 박에 호흡을 올리며 오른팔을 위로 쭉 든다.

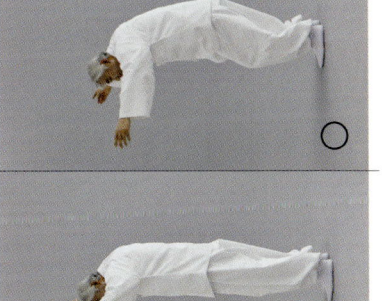

첫 박에 호흡을 올리며(으시게) 두 발 돋움으로 오른팔을 위로 쭉 든다.

두 번째 박에 오른팔 내리며 굴신한다.

마지막 박에 호흡을 쭉 끌어올리며, 두 팔을 위로 들었다가 내리며 굴신한다.

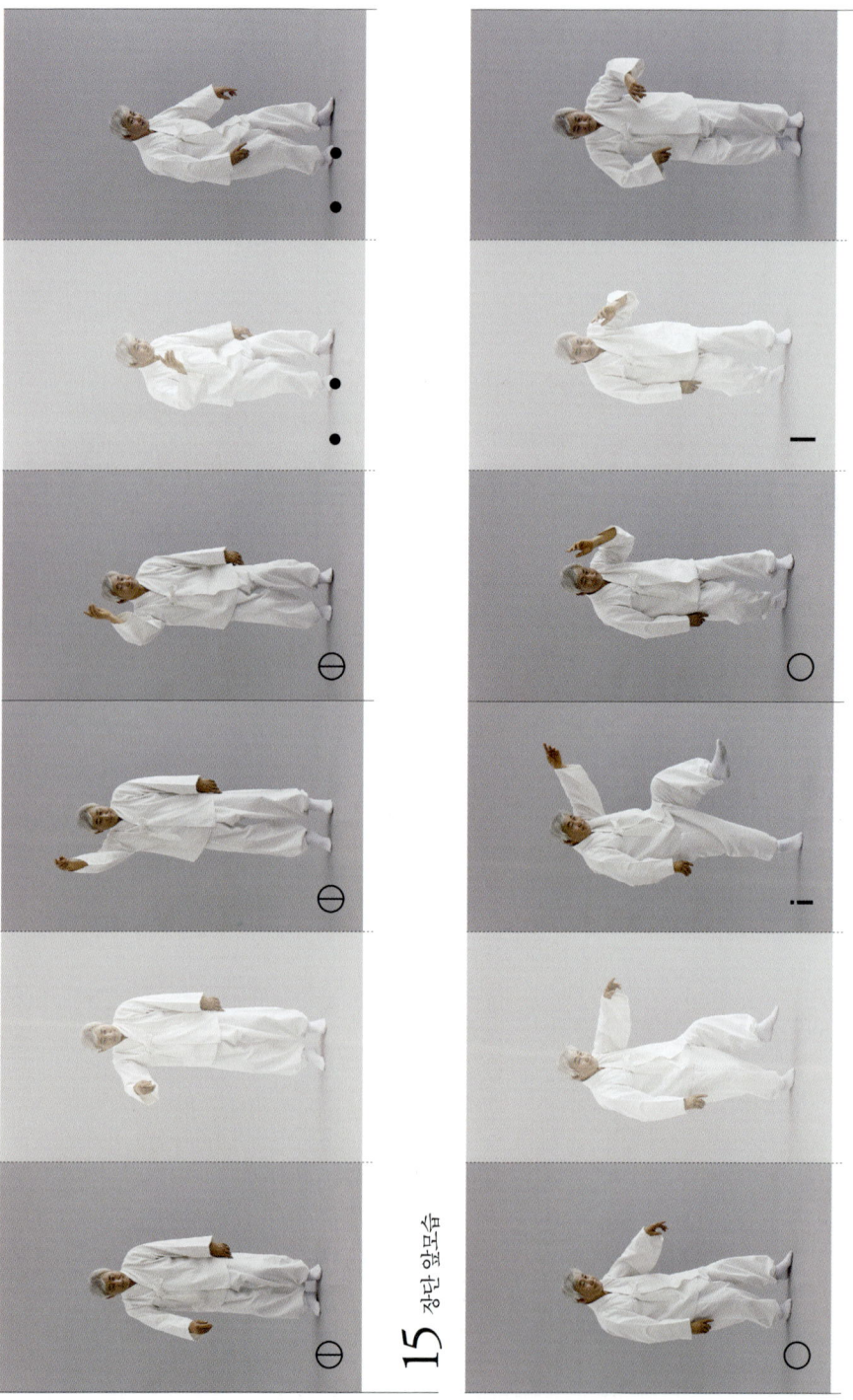

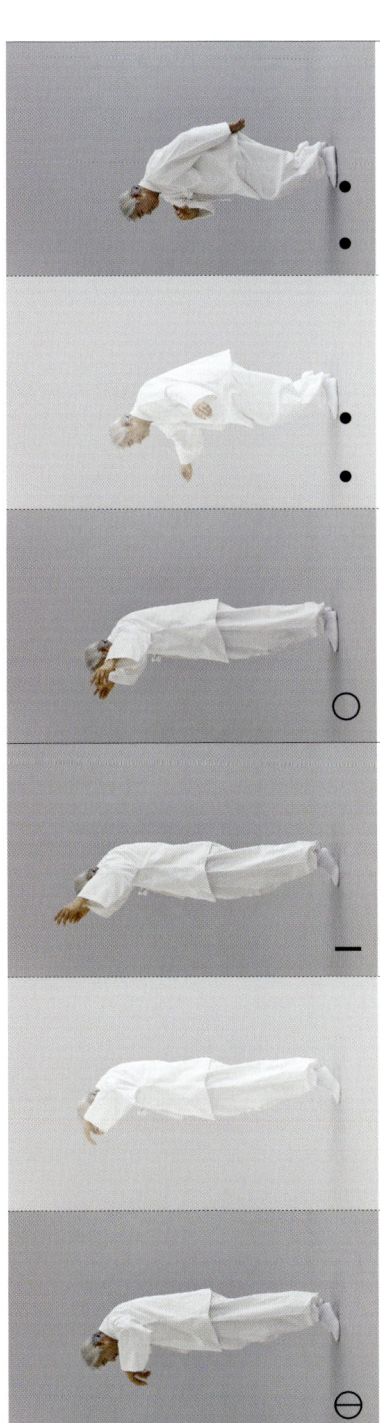

다섯 박에 왼발 쪽으로 오른발을 가져오며 두 팔을 뻗었다 다시 아래로 감으며 풀어낸다.

16 장단

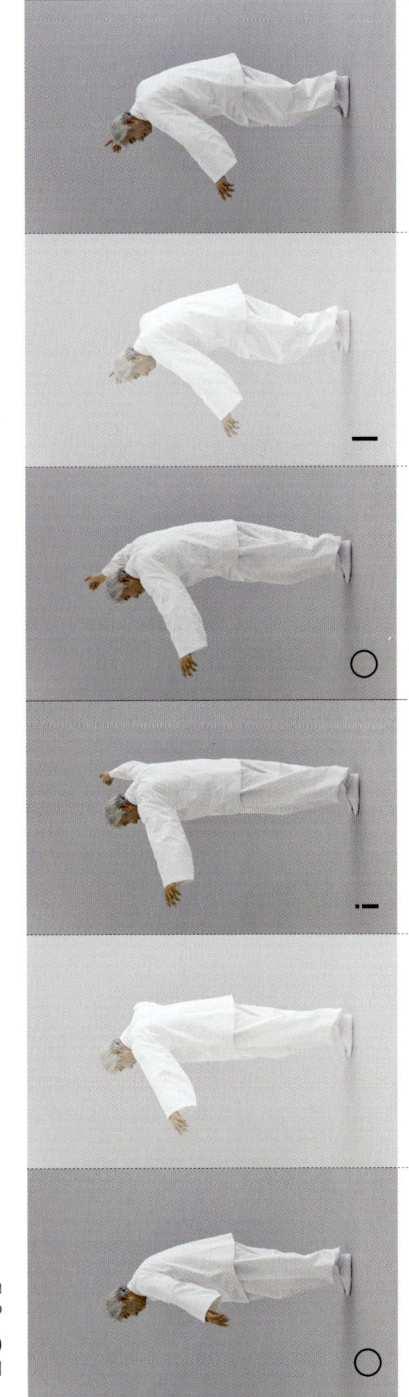

일곱 박에 호흡을 쭉 끌어올리며 왼발 쪽으로 오른발을 가져오며 팔을 뻗었다가
여덟 박에 굴신하며 왼손 왼쪽 옆, 오른손 바닥 위로 올려 'ㄴ'자 만들면서 맺는다.(오금세)

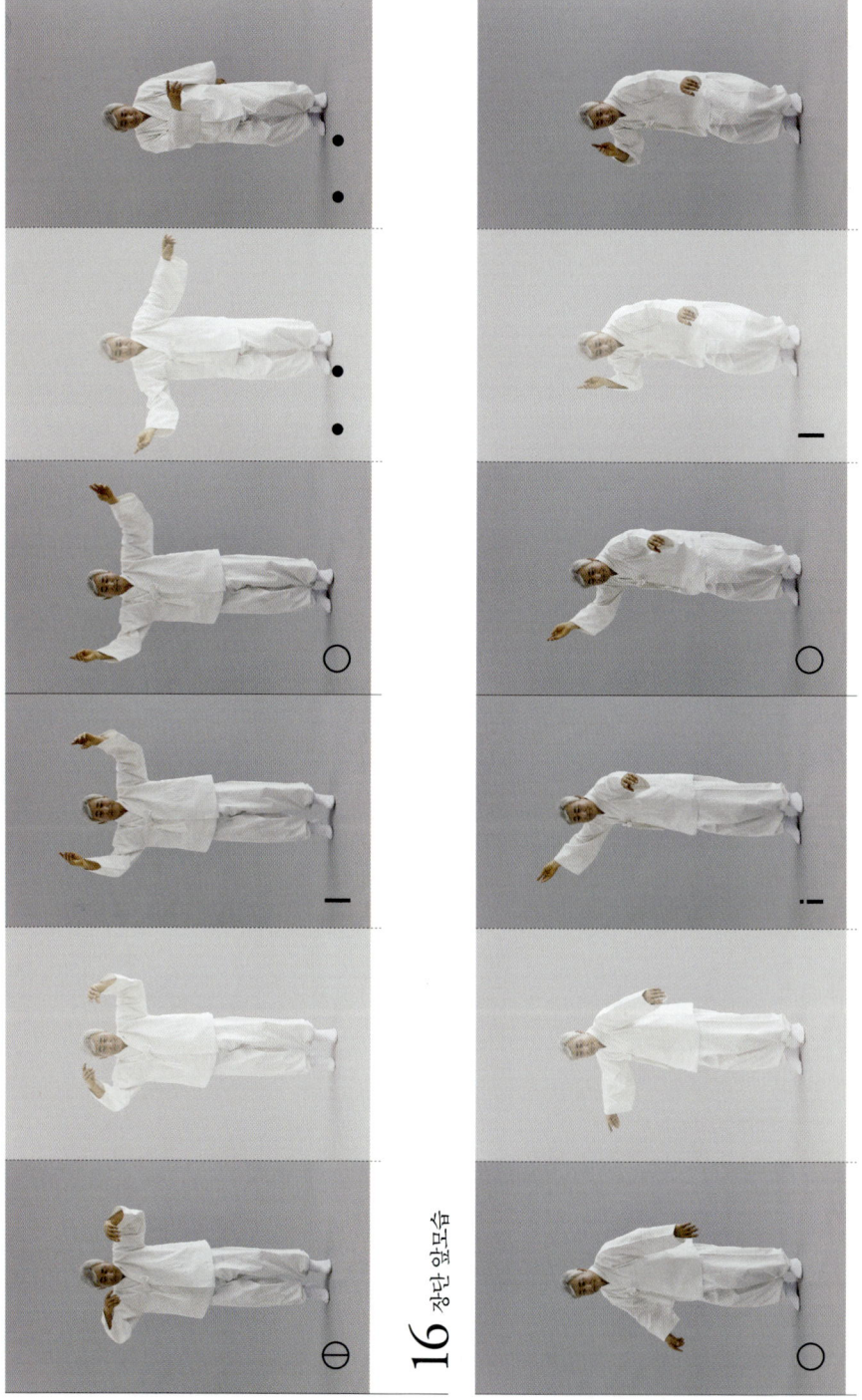

16 장단 앞모습

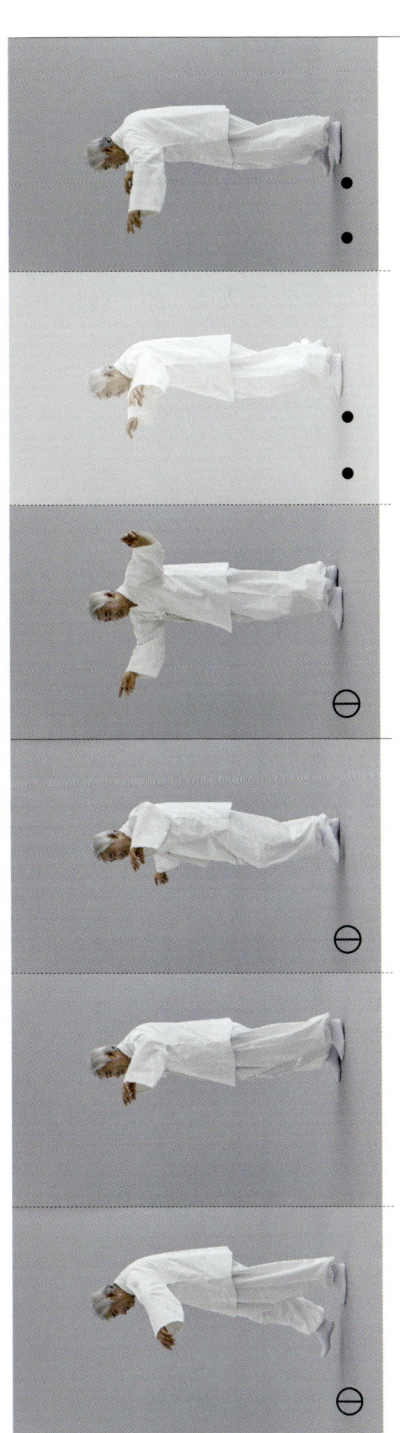

두 팔을 어깨 높이로 든 상태에서 오른발, 왼발 1박 1보도 디디며 좌우에 한다.(방향은 왼쪽부터 보고 오른쪽, 정면)

17 장단

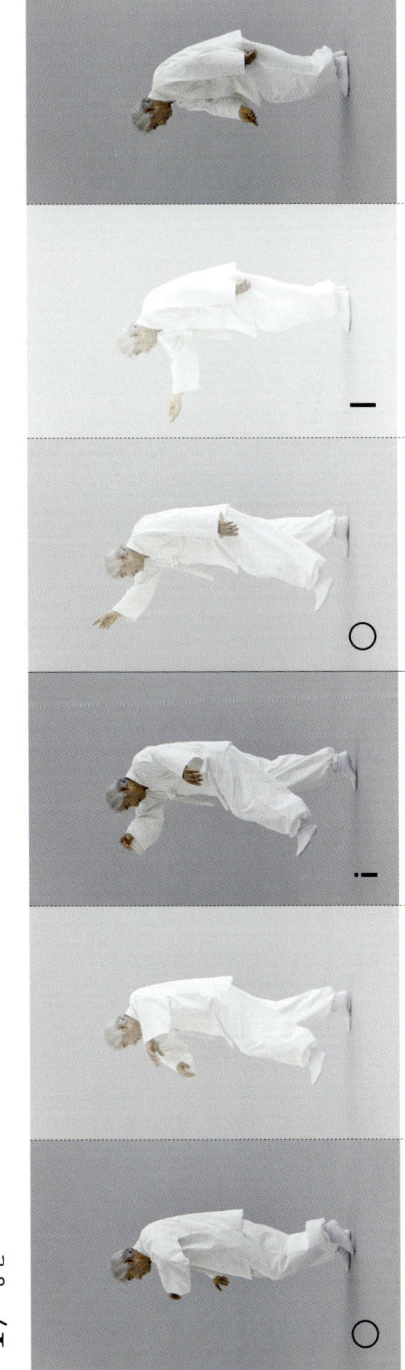

셋 마지막 박에 호흡 쭉 끌어올리며 오른손은 가슴 앞에서 밖으로 상체 돌리고(오른발 도움으로 왼발 들었다가) 내에 두 발을 모으며 오른손을 내리며 궁신한다.

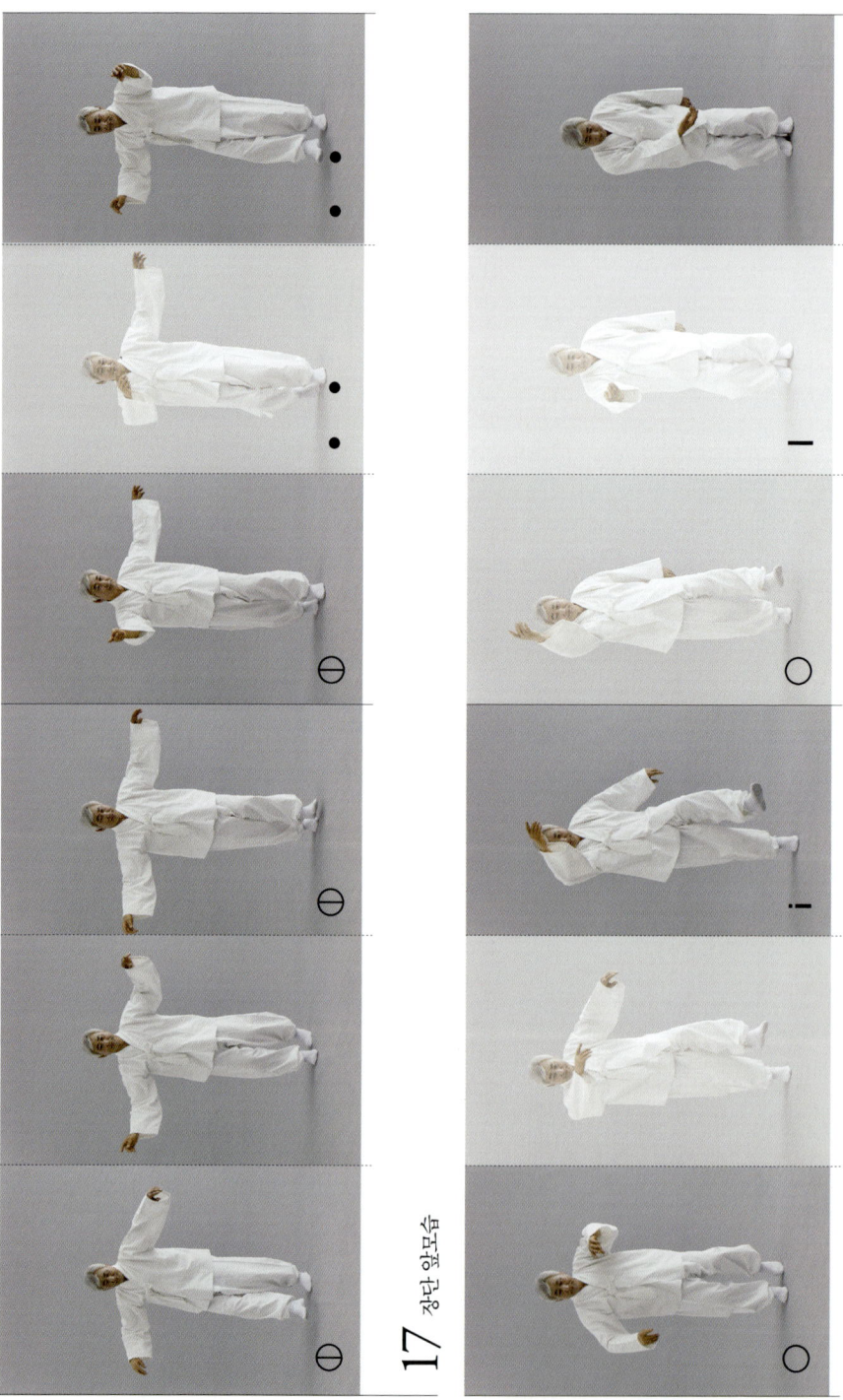

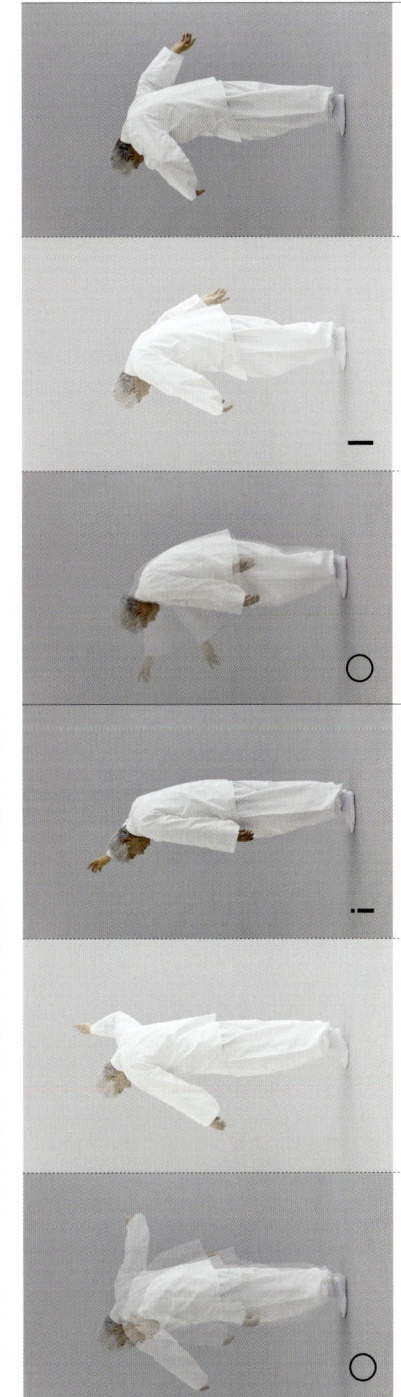

오른손을 오른쪽 귀 가까이 얼굴 앞쪽에서 안에서 밖으로 쓸어 올린다.(으)게)
이때 호흡은 위로 들어주며 두 발 뒤꿈으로 올렸다가 내린다.

18 장단

왼손을 앞으로 드는 듯 하다가 오른손을 둥글고 크게 돌려 내린다.

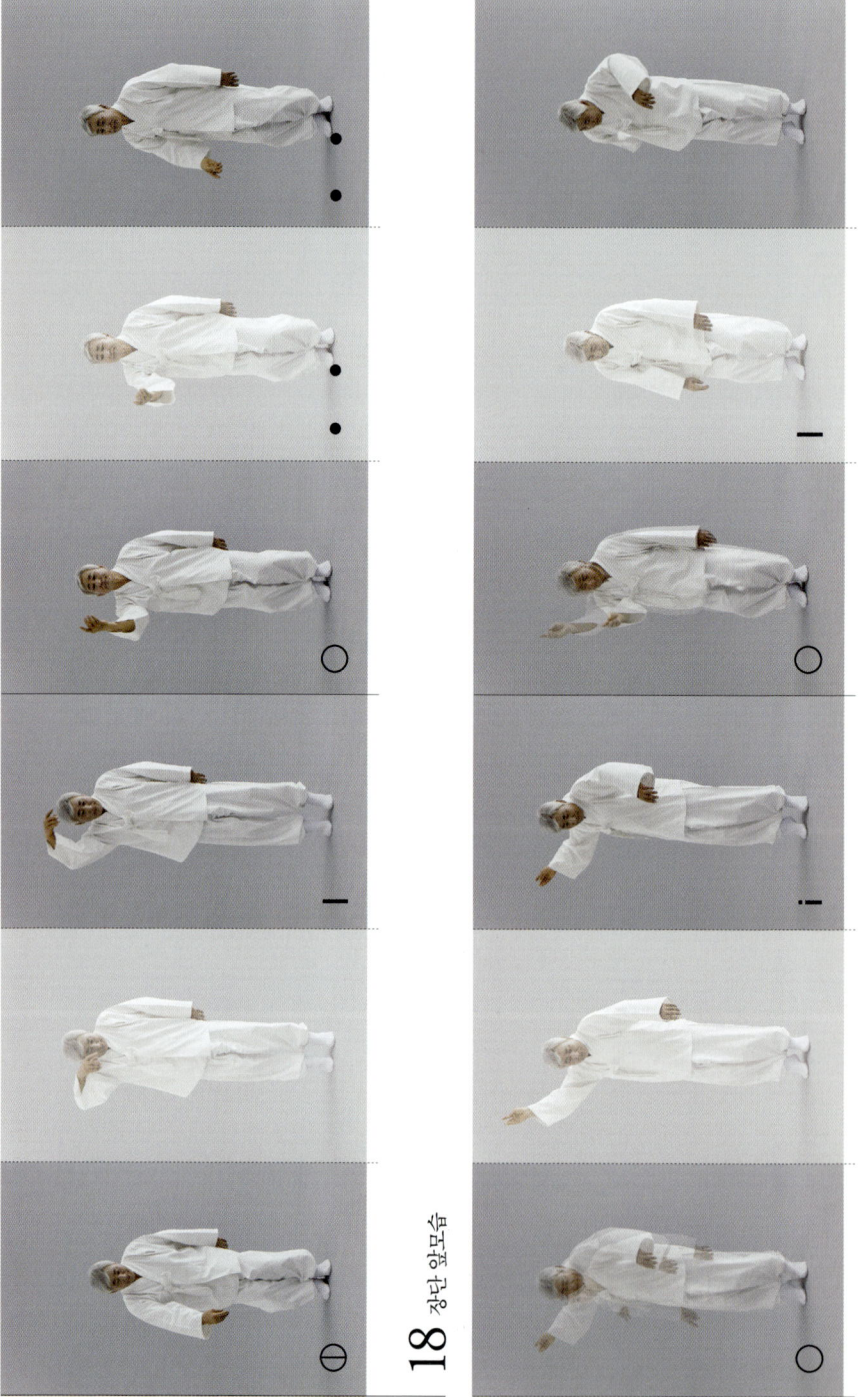

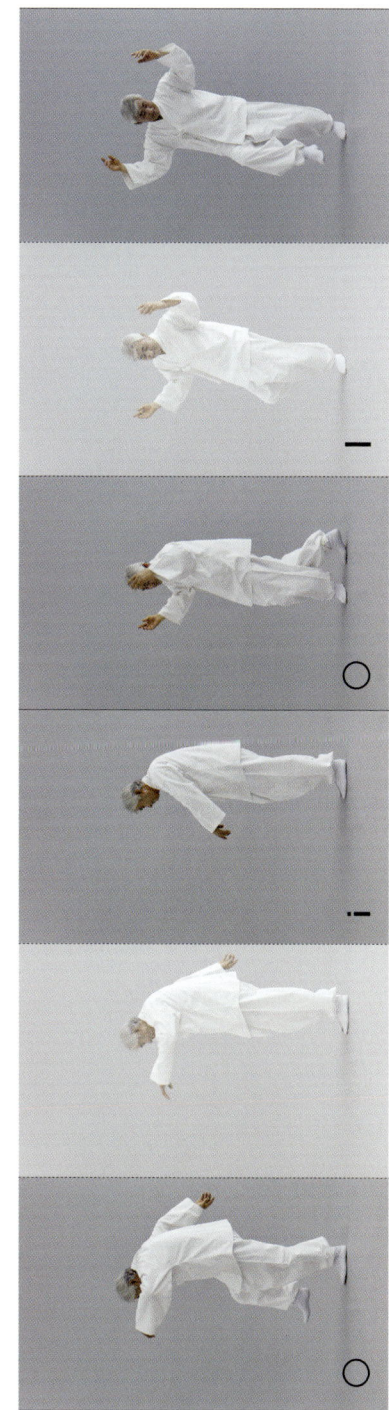

19 장단

오른발(왼발 도움), 왼발(오른발 도움) 1박 1보로 크게 듣댄서 디딘다. 호흡을 올려주며 오른손은 앞으로 오른손은 뒤로 쭉쭉 빼듯이 손끝을 뿌린다. 허리를 숙이고 팔을 앞뒤로 힘차게 흔들며 뛰는 것. '가위뛰기'라고도 부른다.(손 아래 숯에 나오는 부정을 짓는 동작의 확장 동작이다.

셋 시작 박에 오른발 크게 딛다가 셋 마지막 박에 두 손을 위로 듣면서 호흡을 들어준다. 넷 마지막 박에 왼쪽 방향으로 180도 뒤로 본다.

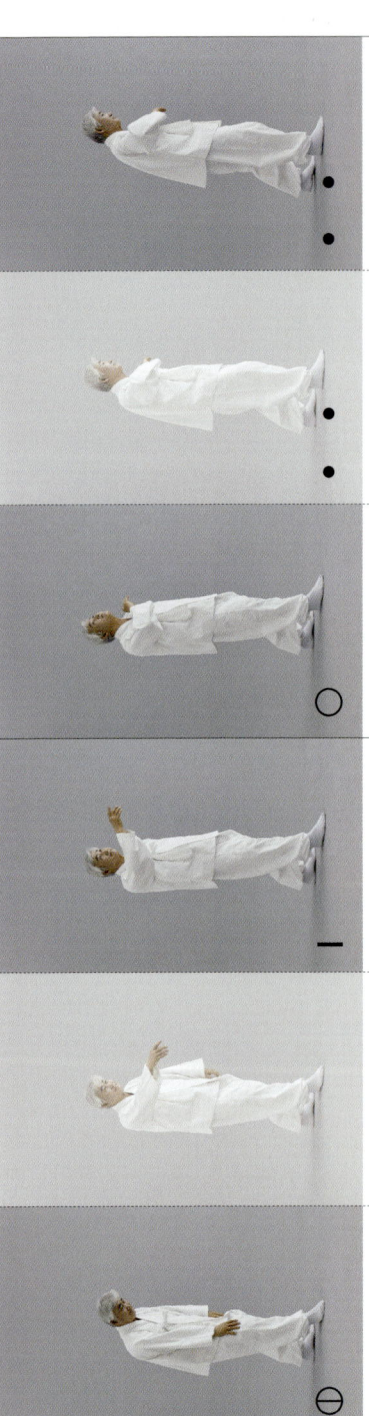

오른발이 앞으로 왼발이 뒤로 'X'가 되면서 두 손으로 무릎을 쳤다가 오른손은 가슴 앞으로 올리며 왼손은 허리 뒤로 갑는다.

20 장단

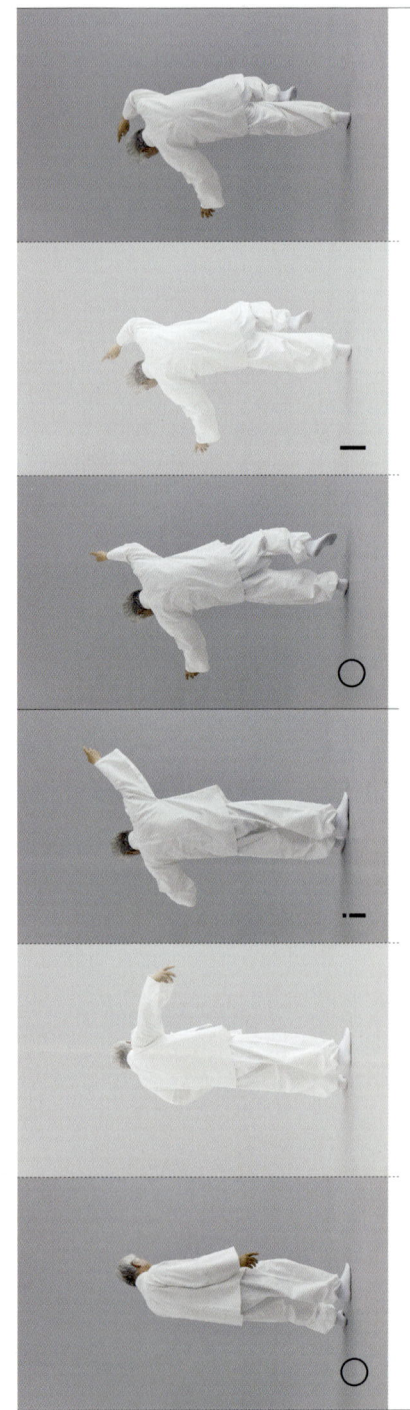

왼쪽 방향으로 돌면서 오른팔을 크게 들었다가 머리 위로, 왼손은 가슴 높이로 왼발만 살짝 굴신하며 맺는다.(오금새)

21 장단

오른발을 굴신한 상태로 옆으로 쭉 뻗어주면서 오른 팔꿈치를 가슴 높이에서 오른쪽으로 '탁' 치듯 밀었다가 오른손은 머리 위로 왼손은 앞으로 감는다.(앉은채에서 각자 밖으로 밀게 된다.) 양발 과장에 나오는 도포말이 춤사위의 확장된 몸짓이다.

셋 마지막 바에 왼쪽 방향으로 호흡을 올리며 두 발 듬듬, 왼손은 위로 오른손은 앞으로 감으며 굴신한다.

22 장단

다섯 박에 호흡 올려 돋움하면서, 오른손은 머리 위로 팔을 높이 들었다가 내리며 굴신한다.

오른손은 허리 뒤로 크게 들었다가 머리 위로 올리고, 왼손은 가슴 앞으로 들어 'ㄴ' 자로 마무리하며 오른발 들고 왼발 살짝 굴신하며 맺는다.(오금새)

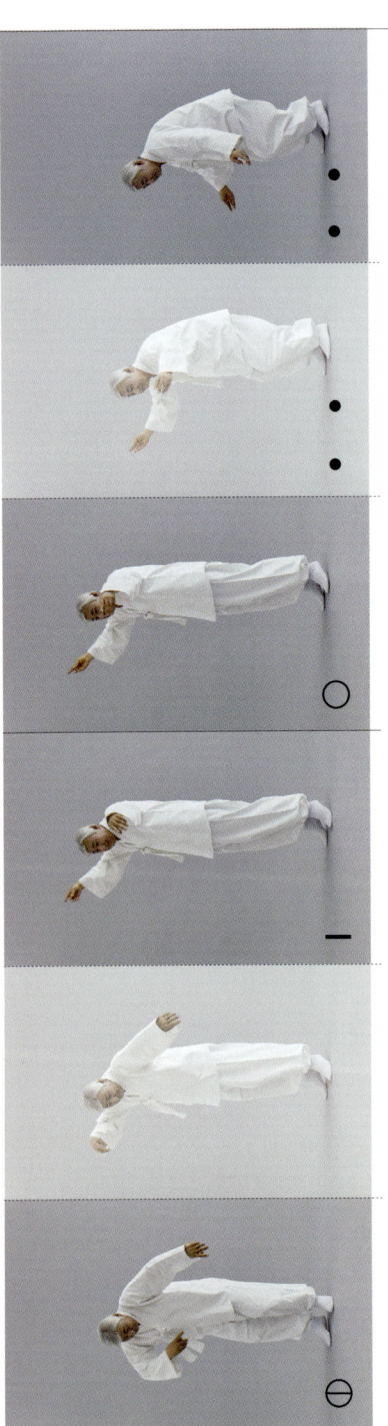

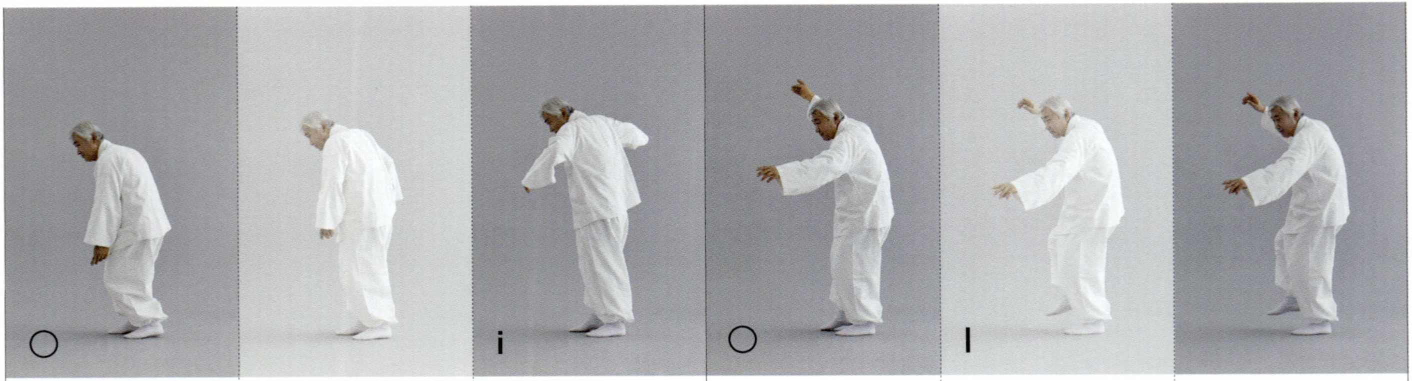

왼발 도약하듯이(오른발 듦음)디디며 팔을 위아래로 감는다.

오른발 도약하듯이(왼발 듦음) 디디며 팔을 위아래로 감는다.

23 장단

넷 시작 박에 왼발 사선 앞으로 디디고, 넷 마지막 박에 왼발 듦음으로 오른발 크게 들면서 두 손 모으며 호흡 들어준다.

셋 시작 박에 오른발 들고 마지막 박에 왼발 듦음하며 오른발 든 상태로 두 손 머리 위로 든다.

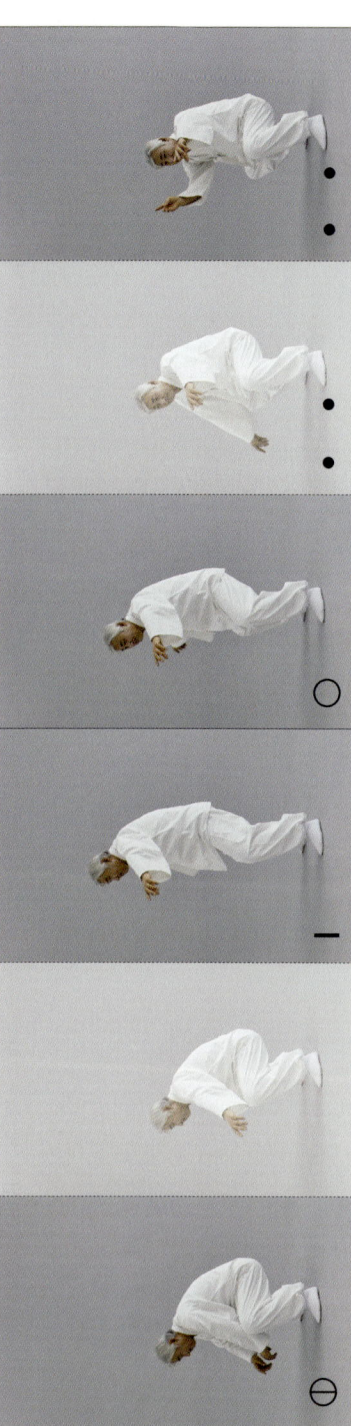

24 장단

① 오른발 크게 다리 벌려 굳건한 상태에서 위로 쭉 호흡을 들이올렸다가 다시 앉아준다. 양팔은 어깨 높이로 크게 벌려준다. 오른팔을 왼쪽으로 밀어주며 시선도 왼쪽을 향한다.

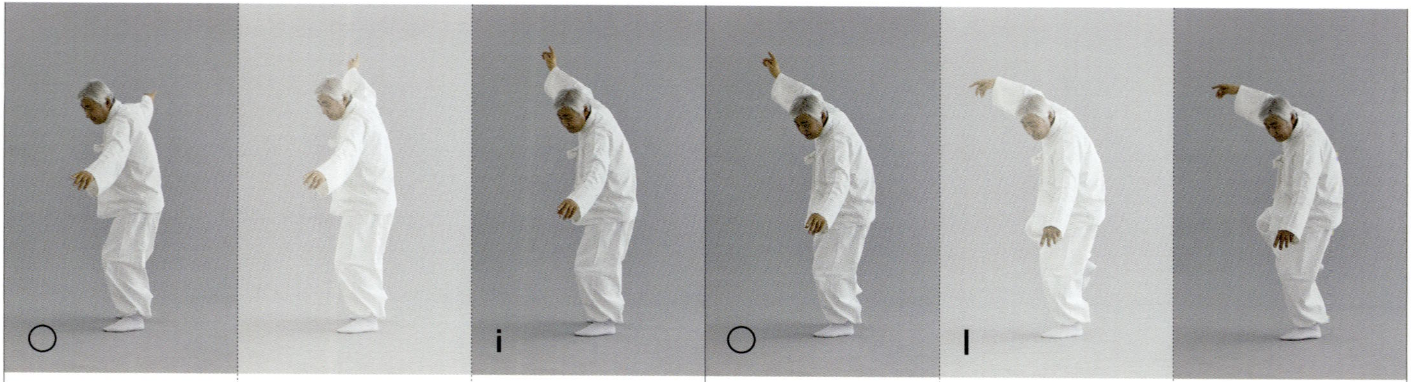

② 오른발을 안에서 밖으로 크게 벌렸다가 사선 위로 되게 한다. 이때, 왼발로 중심이 옮겨지면서 두 손목을 안으로 돌리며 마지막에 '탁' 털구며 오른발도 살짝 들어준다.

첫 박에 오른발, 둘에 왼발을 디딘다.(1부 1보)

25 장단

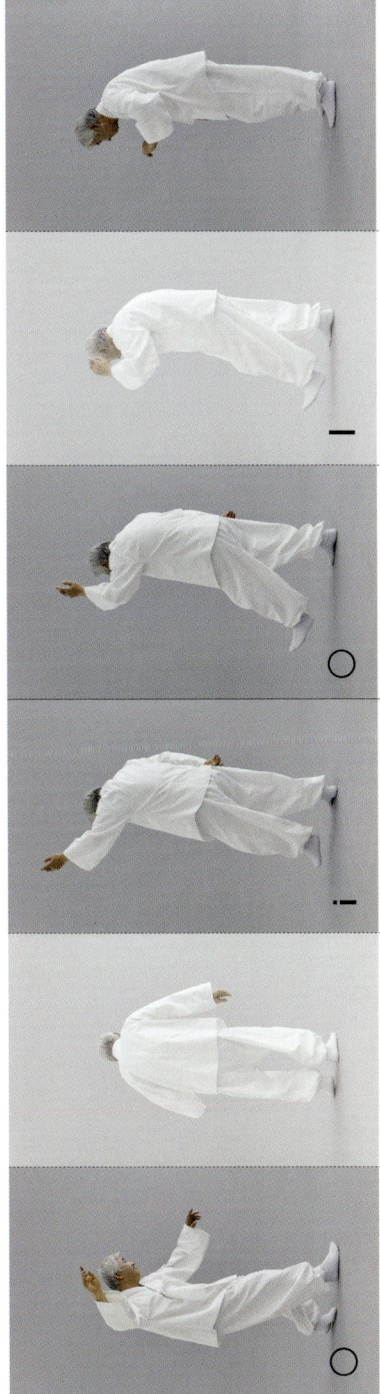

셋에 오른발을 디디면서 왼쪽으로 작은 원을 그리다가 넷 마지막 박에 발을 모으며 오른손을 아래 위로 맨다.(으시개)

26 장단

다섯 시작 박에 호흡 올리면서 오른발을 딛고 두 팔은 들었다가 내리며 굴신한다.

오른손은 허리 뒤로 크게 들었다가 머리 위로 올리고, 왼손은 가슴 앞으로 'ㄴ'자 마무리하며 오른발 살짝 들어주고 왼발은 굴신한다.
이때 손목을 안으로 '탁' 꺾으며 맺는다.(오금새)

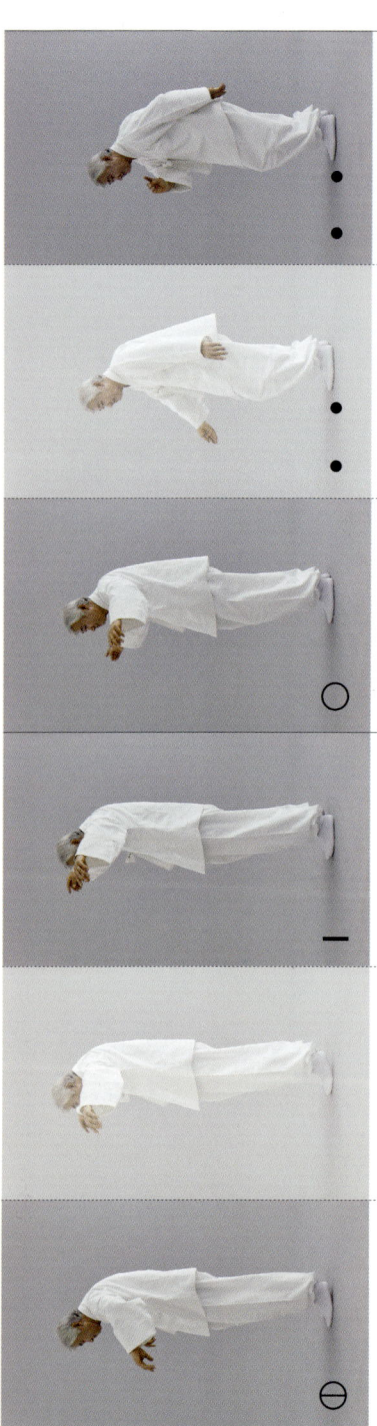

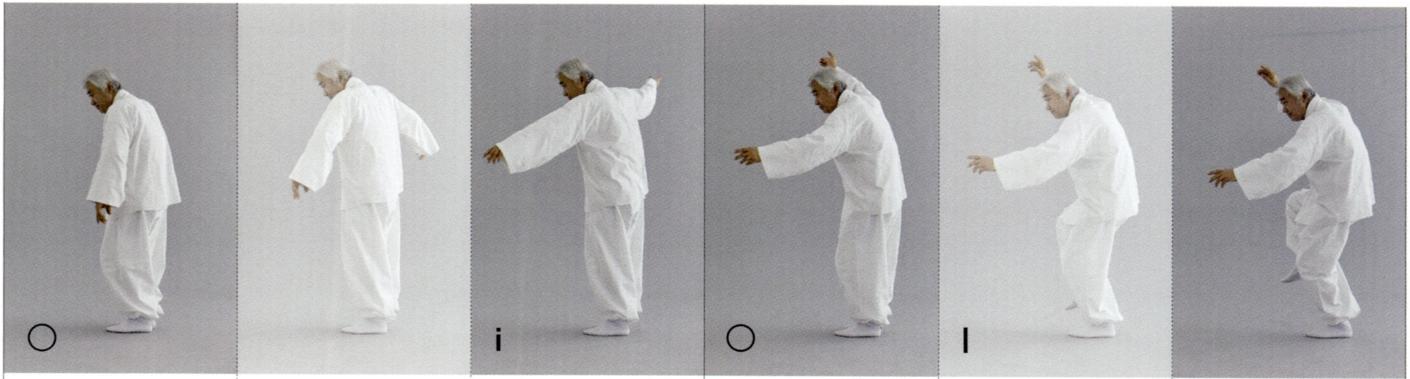

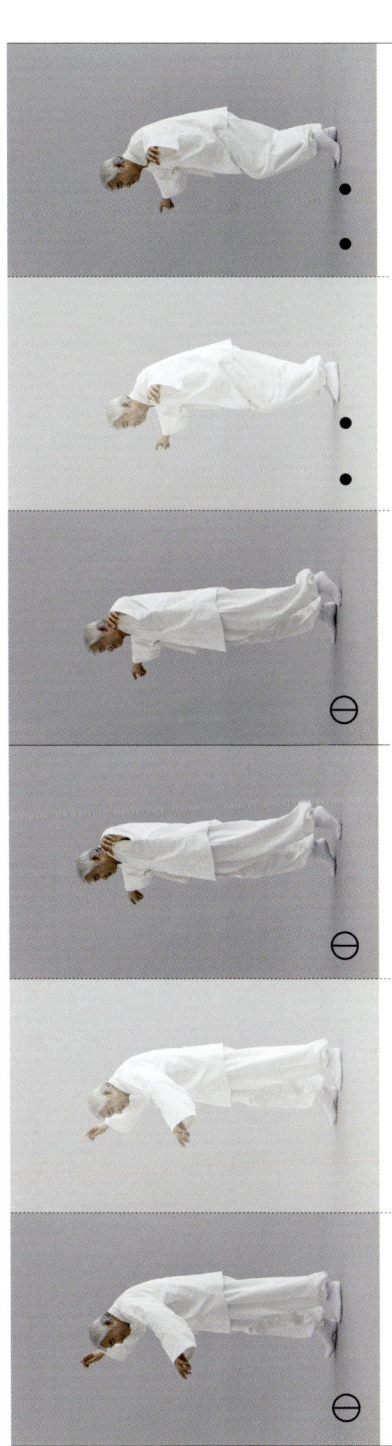

첫 박에 오른발 디디며 도움하고 왼발 가져오며 준신한다. 이때 팔은 어깨 높이로 든다.

27 장단

셋 마지막 박에 오른발 도움하며 왼발을 크게 들었다가 넷에 오른발 내디며 준신한다.(2박 1보)

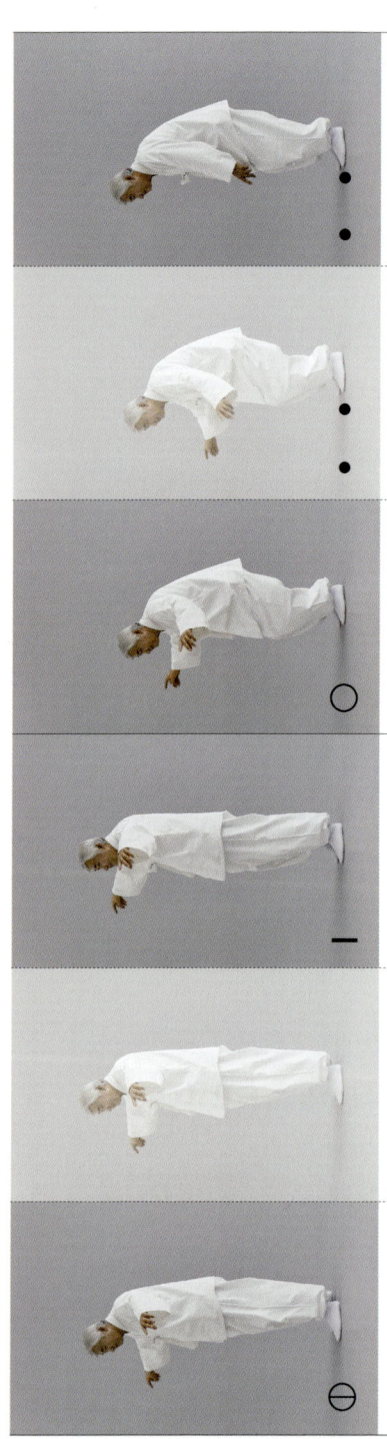
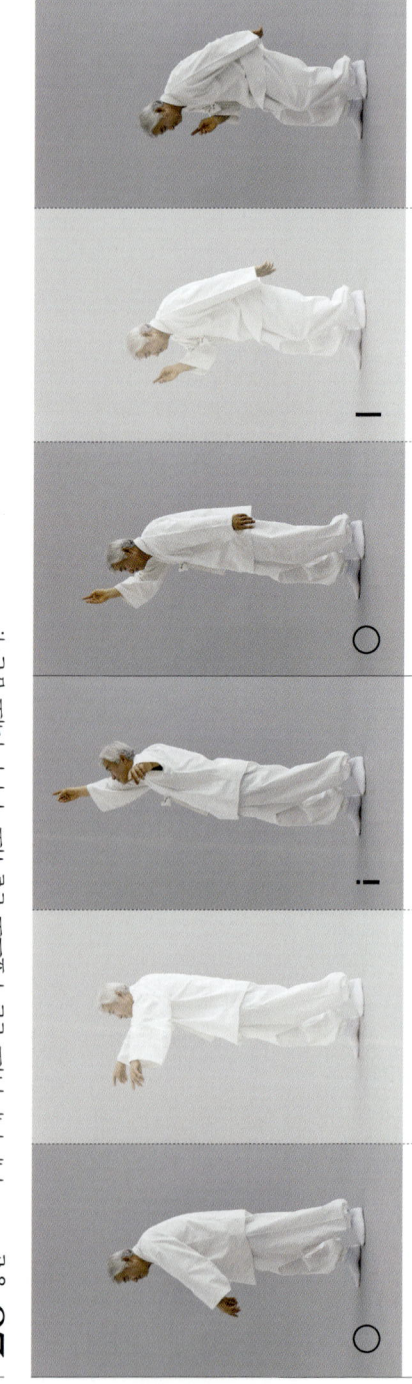

28 장단

다섯 박에 호흡을 올리며 왼발 앞으로 딛고 여섯 박에 오른발 가져오며 굴신한다.
이때 아래 사위로 앞으로 왼손이 위로 디디며 아래로 감는다.

일곱 박에 호흡을 쭉 끌어올리며, 오른손을 위로 크게 올렸다가 내리며 굴신한다.

29 장단 1배김새

오른발 도약하듯이(왼발 든음) 디디며
팔을 위아래로 잡는다.

왼발 도약하듯이(오른발 든음) 디디며
팔을 위아래로 잡는다.

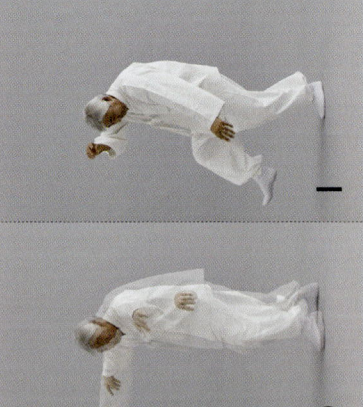

셋 마지막 박에 두 팔 옆으로 뻗리며 받은 든음한다.

넷에 오른손을 가슴 앞에서 작은 원을 그리듯 안에서 밖으로 돌린다.
이때 왼발을 디디며 도약하듯이 높이 춧는다.

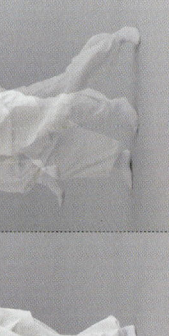

춤추는 농사꾼 이용석 무보 Sheet Dance 243

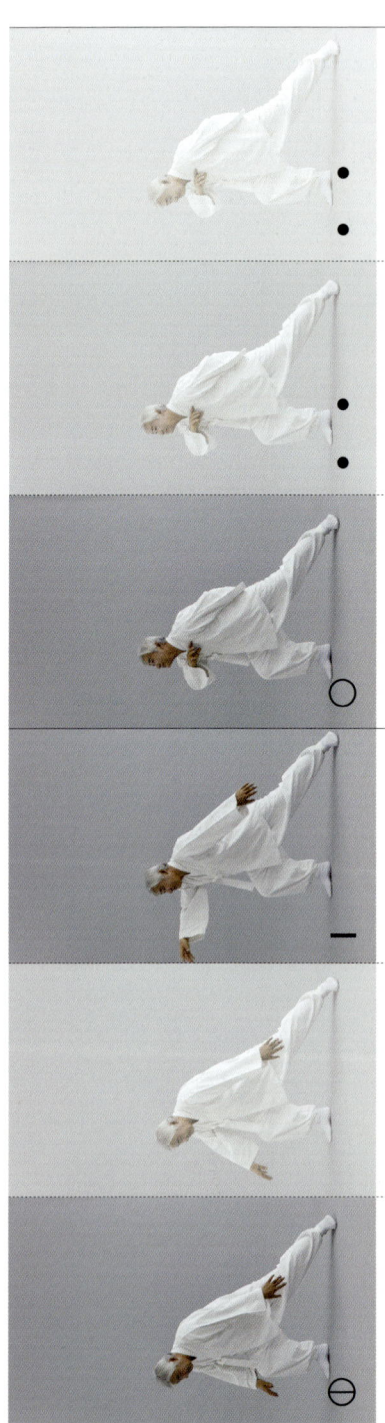

30 장단

오른발을 앞으로 땅에 꽂듯이 빼간다. 오른손은 다섯 시작 부위에 시작 부위에 무릎을 '탁' 친다.
이때 오른발은 무릎을 굽혀 빼기고 왼발은 무릎까지 뒤로 쭉 빼어 있다. 여섯 박에 고갯짓을 끄덕한다.

오른손은 가슴 앞, 왼손은 허리 뒤에 지탱한 채로 고갯짓으로 한번 더 숙였다가 첫 번째 배기는 동작으로 절제있는 동작이다.

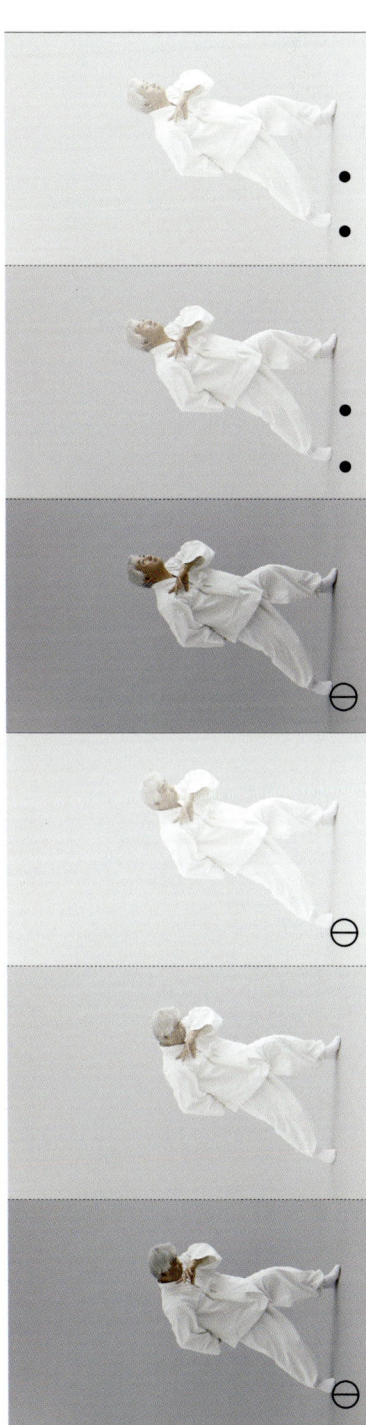

왼쪽 방향으로 뒤를 보며 돌면서 고갯짓으로 숙였다가 든다. 이때 중심은 왼발에 둔다.

31 장단

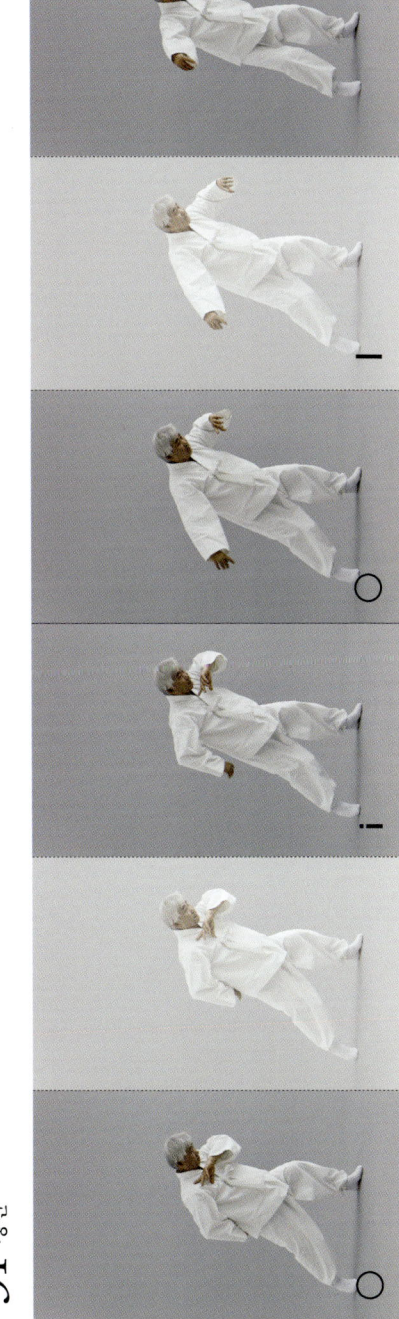

셋에 왼손은 가슴 앞으로 빼고 오른손은 뒤에서 반원을 그리며 앞으로 가져오다가 넷 마지막 박에 힘을 더 주면서 사선 뒤로 쪽 빼어낸다.

32 장단

오른발을 왼발 쪽으로 가지고 오며 몸을 세우고 오른손은 머리위에서 삼사 안에서 바(시계 방향)으로 진행)으로 돌린다. 왼손은 귀 옆을 지나고 오른손은 가슴 앞으로 가져와 안듯이 만난다. 중심은 오른발에 있다.

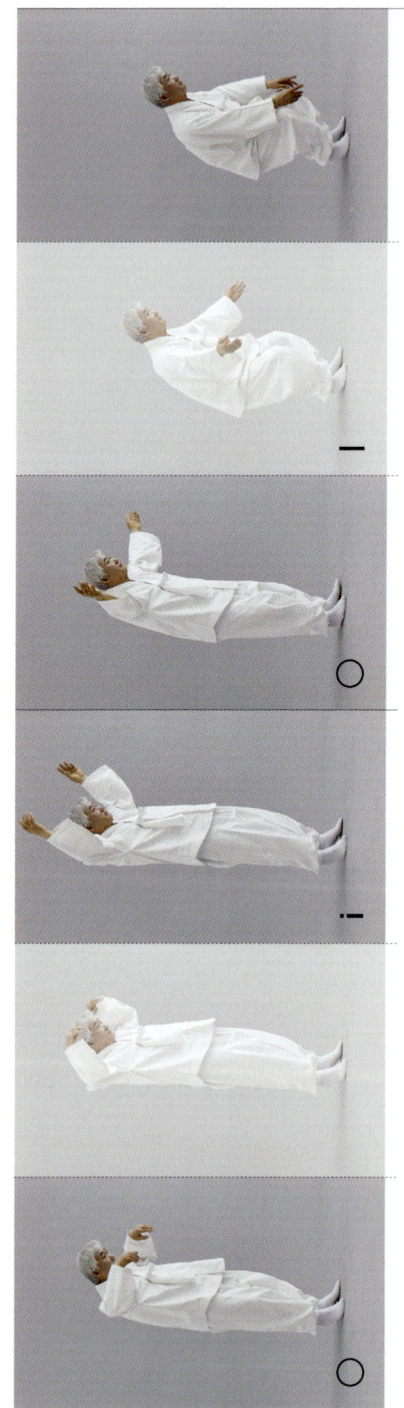

두 발 중심으로 두 손을 얼굴 앞에서 삼사 안에서 바으로 돌리며 돋움으로 호흡을 쭉 올렸다가 양손을 내려주고 크게 굴신한다. 이때 두 손은 무릎까지 내린다.

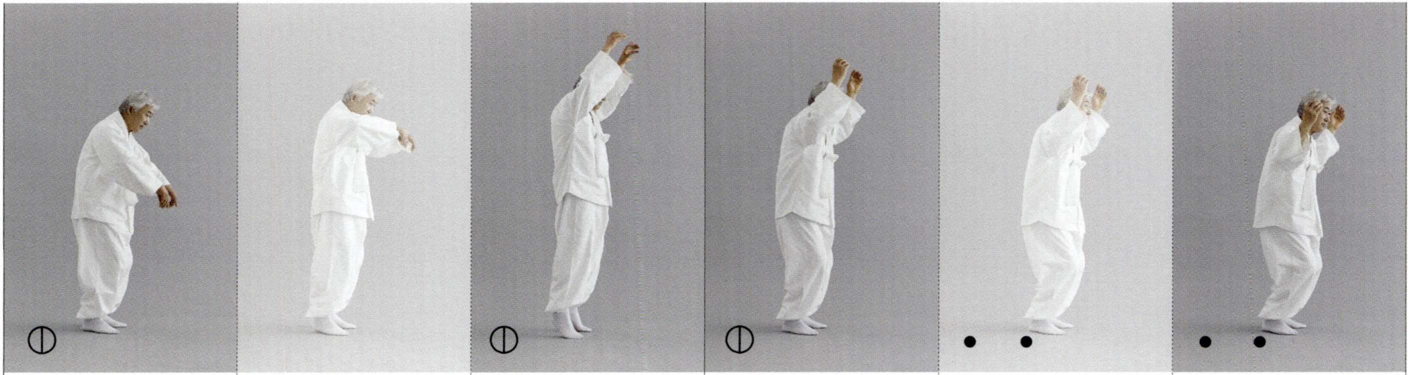

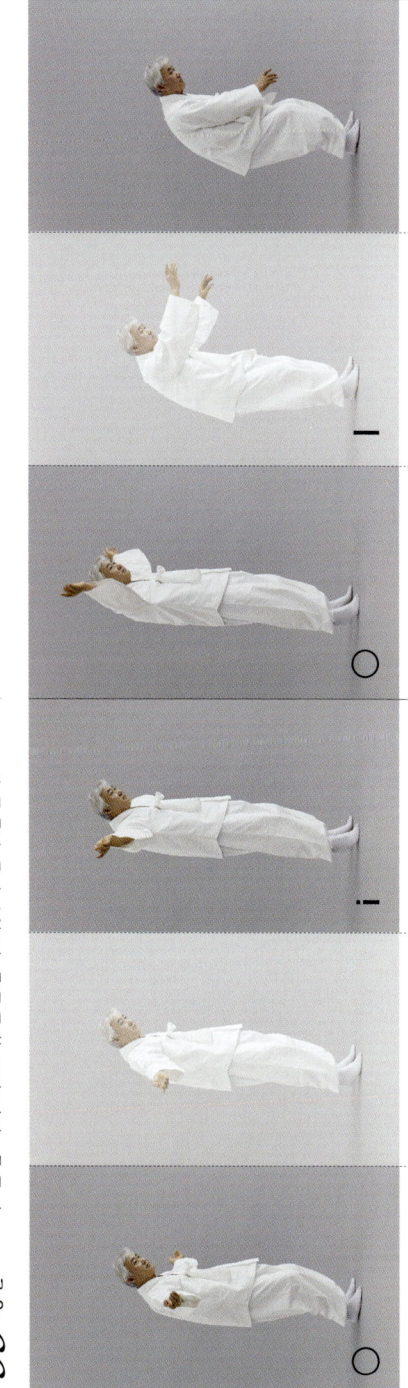

33 장단

① 첫 박 마지막에 두 발 돋우며,
두 손을 머리 위로 쭉, 손끝을 뿌리듯이 뻗어 올린다.

① 두 번째 박에 어깨 앞으로 양손바닥이 위를 향하여 둥글게 뿌린다.

○ 셋 마지막 박에 호흡을 쭉 올려(으시게) 돋움 하였다가 네 번째 박에 두 손바닥을 앞으로 엎어주며 굴신한다.

33 장단 엎모습

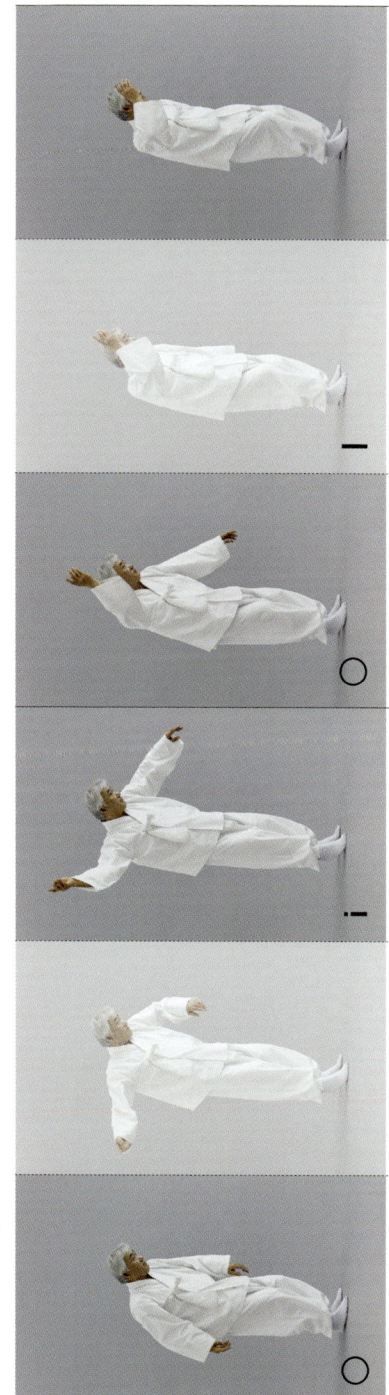

첫 박 마지막에 호흡을 쭉 끌어올리며 두 발 동음하고 드 번째 박에 오른손을 가슴 앞쪽 안에서 바깥으로 들었다 내리며 굿신한다.

34 장단

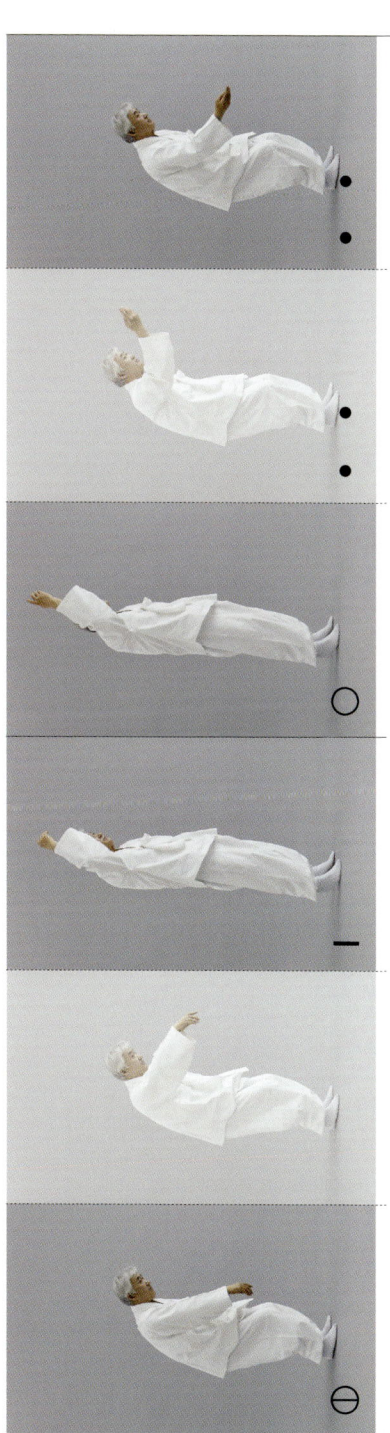

셋 마지막 박에 호흡을 올리며 돋움 하다가 오른손을 버려 뒤로 올려 감으며 굿신한다.

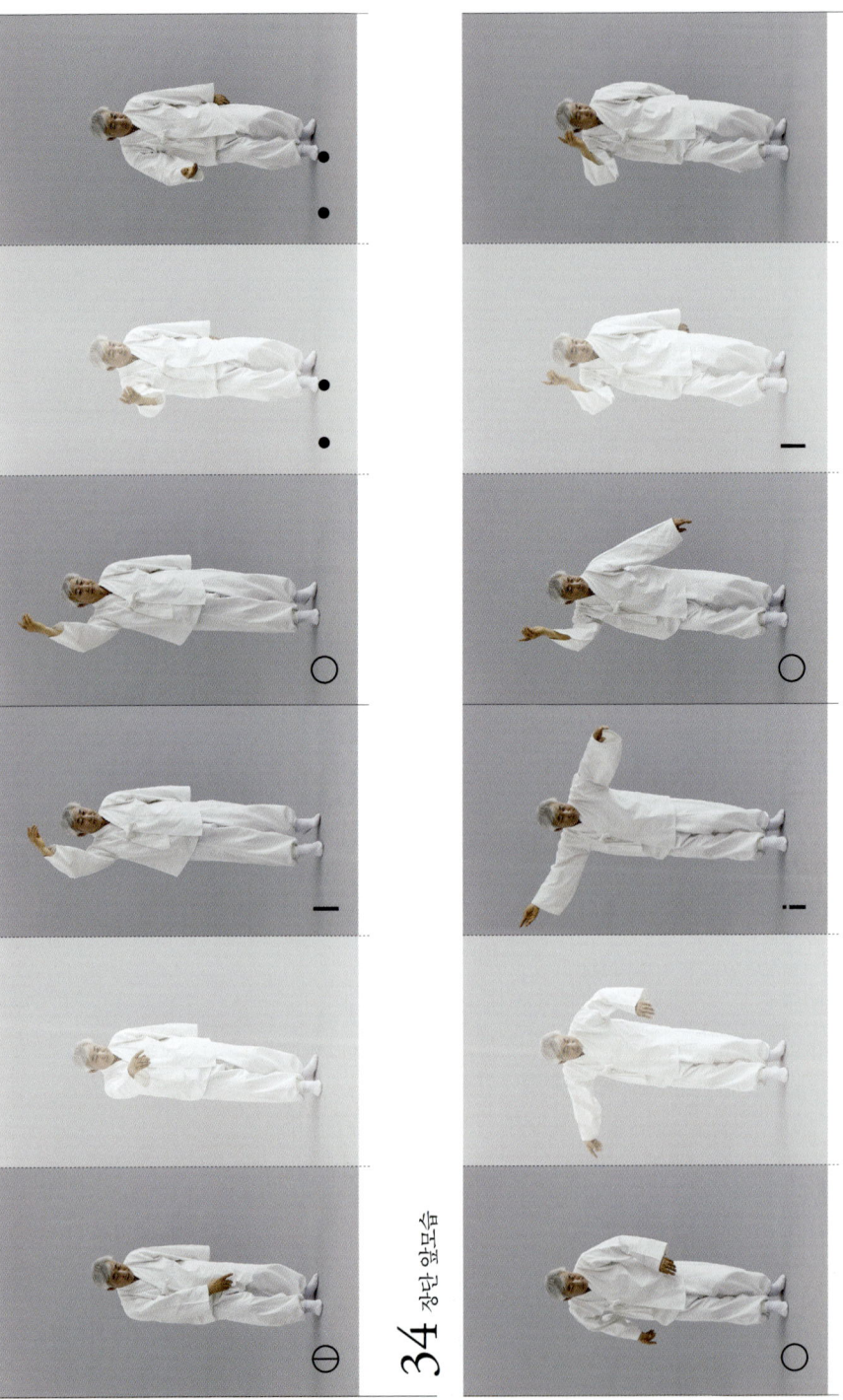

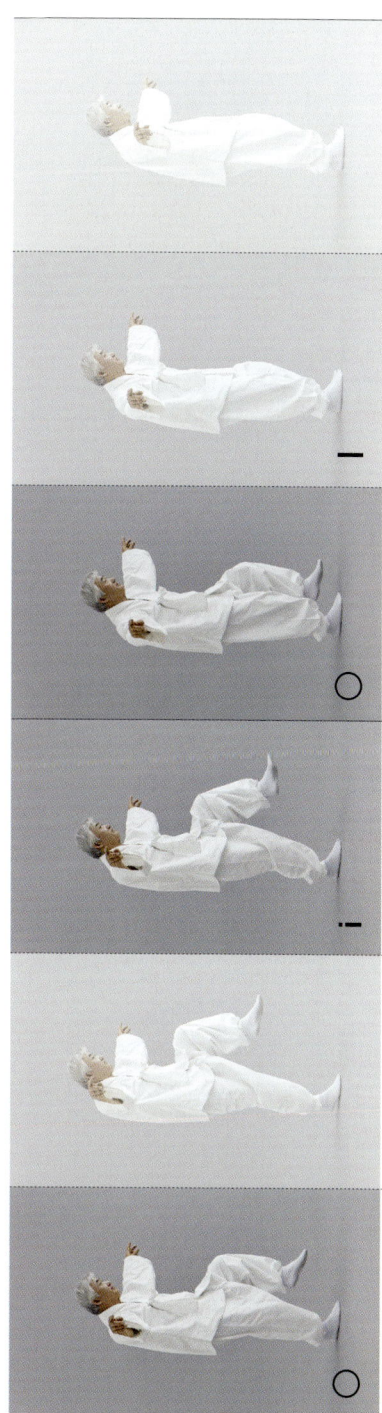

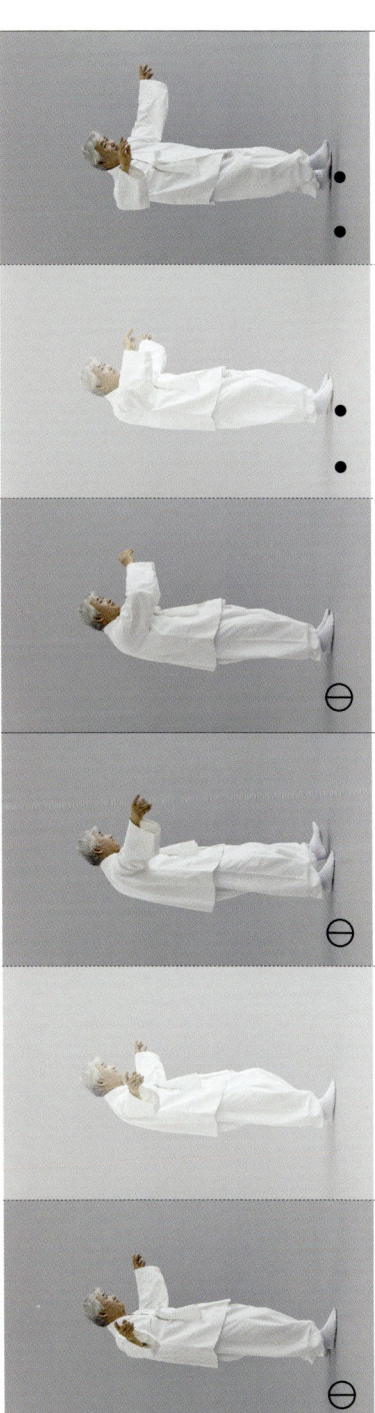

첫 박부터 오른발, 왼발 디디면서 상체는 좌우세를 한다. 팔은 어깨 높이로 벌려서 자연스럽게 오른발 디딜 때 왼쪽으로 살짝 본다.

37 장단

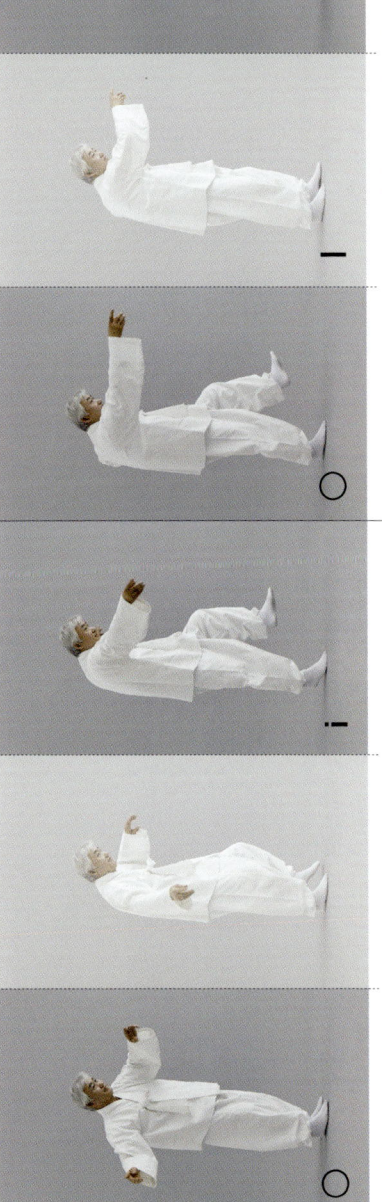

셋 마지막 박에 호흡을 쭉 끌어올리며 오른발 든 듯으로 왼발을 크게 든다. (든음새)

셋 마지막 박에 한발로 중심이 옮겨질 때 오른발을 살짝 들어주며 두 팔을 왼쪽으로 쭉 뻗어낸다.

넷 마지막 박에 한발로 중심이 옮겨질 때 오른발을 살짝 들어주며 두 팔을

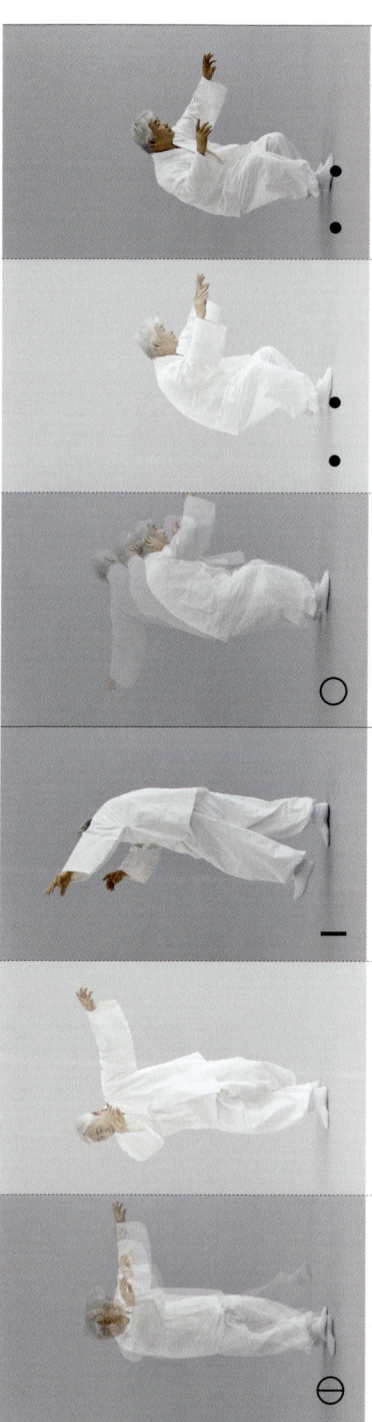

오른발을 180도 뒤로 디디며 오른쪽 방향으로 왼발을 붙여서 중신하였다가 오른발이 앞으로 나오며 일어선다.
이때 두 팔은 왼쪽 사선으로 들었다가 가슴 앞으로 내려온다.

왼발 중심으로 호흡을 위로 쭉 올리며 일어설 때, 오른손은 머리 위로 올렸다가 내려오고 왼손은 아래로 감으며 중신한다.

38 장단

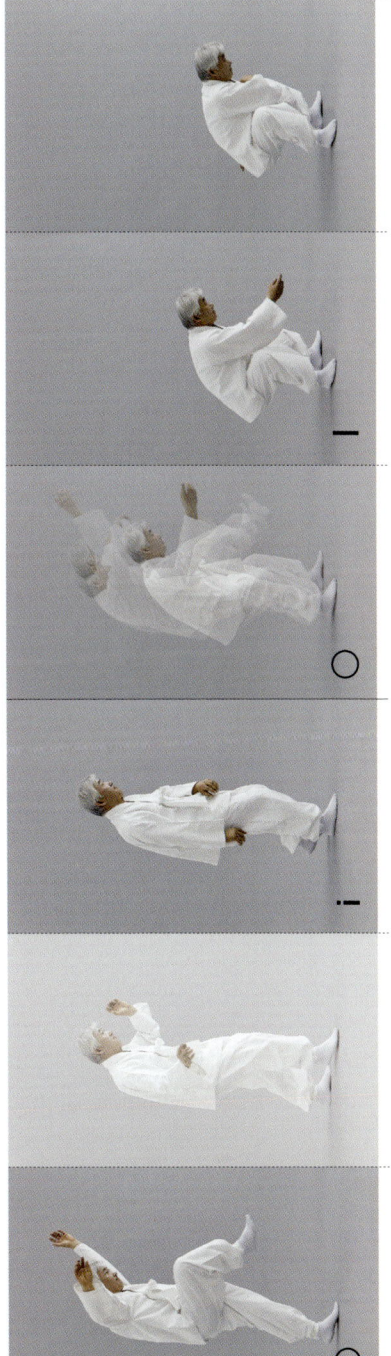

39 장단

오른발을 도와하듯이(왼발 든음) 디디며, 팔을 위아래로 갖는다.

왼발을 도와하듯이(오른발 든음) 디디며, 팔을 위아래로 갖는다.

셋 마지막 박에 오른발이 도움하며 왼발을 붙여서 다리 벌려 있는다. 이때 오른손을 가슴 앞에서 살짝 돌려주었다가 오른손 앞, 왼손 허리 뒤로 몸을 곧세며 있는다.

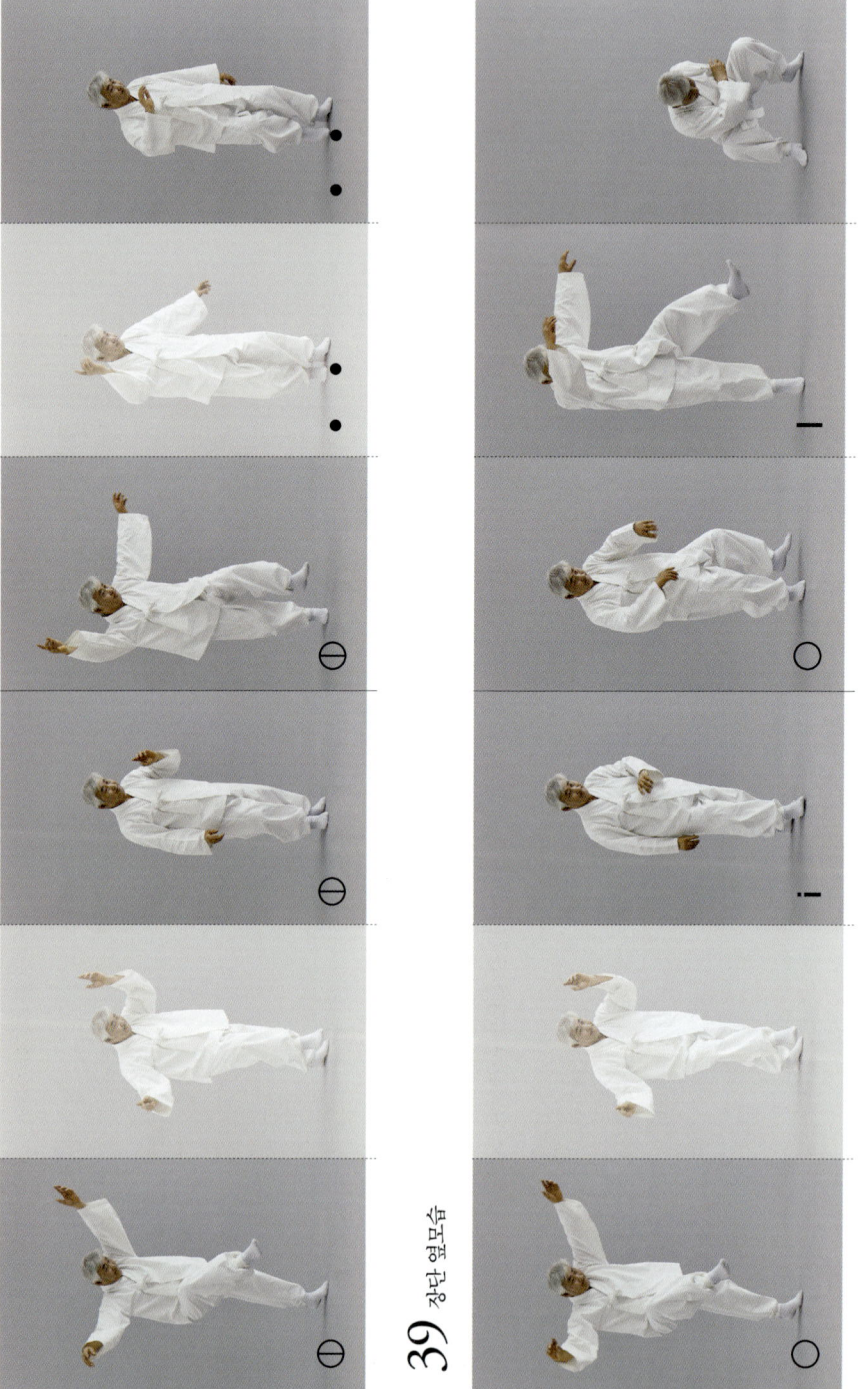

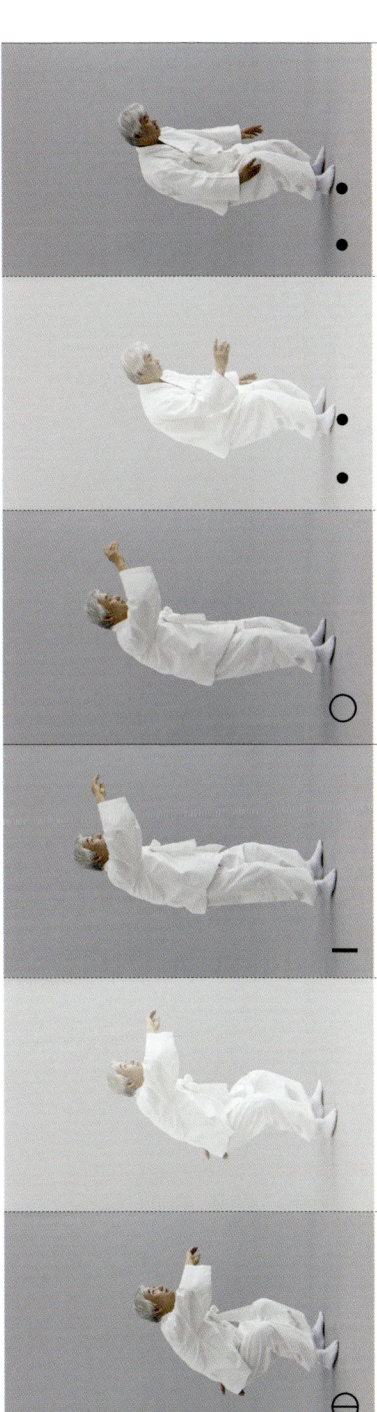

두 팔을 앞, 뒤로 크게 뻗다며 일어섰다가 두 손을 허벅지까지 내리며 선쪽 굴신한다.

40 장단

셋 마지막 농사문 밖에 호흡을 쭉 끌어올리며(으시개), 도움앞어 오른손은 허리 뒤로 크게 들었다가 바닥 위로, 왼손은 가슴 앞으로 'ㄴ'자로 마무리하며 오른발을 상체 들어 왼발을 굴신한다. 호흡을 상체 들었다가 내린다.(오금세)

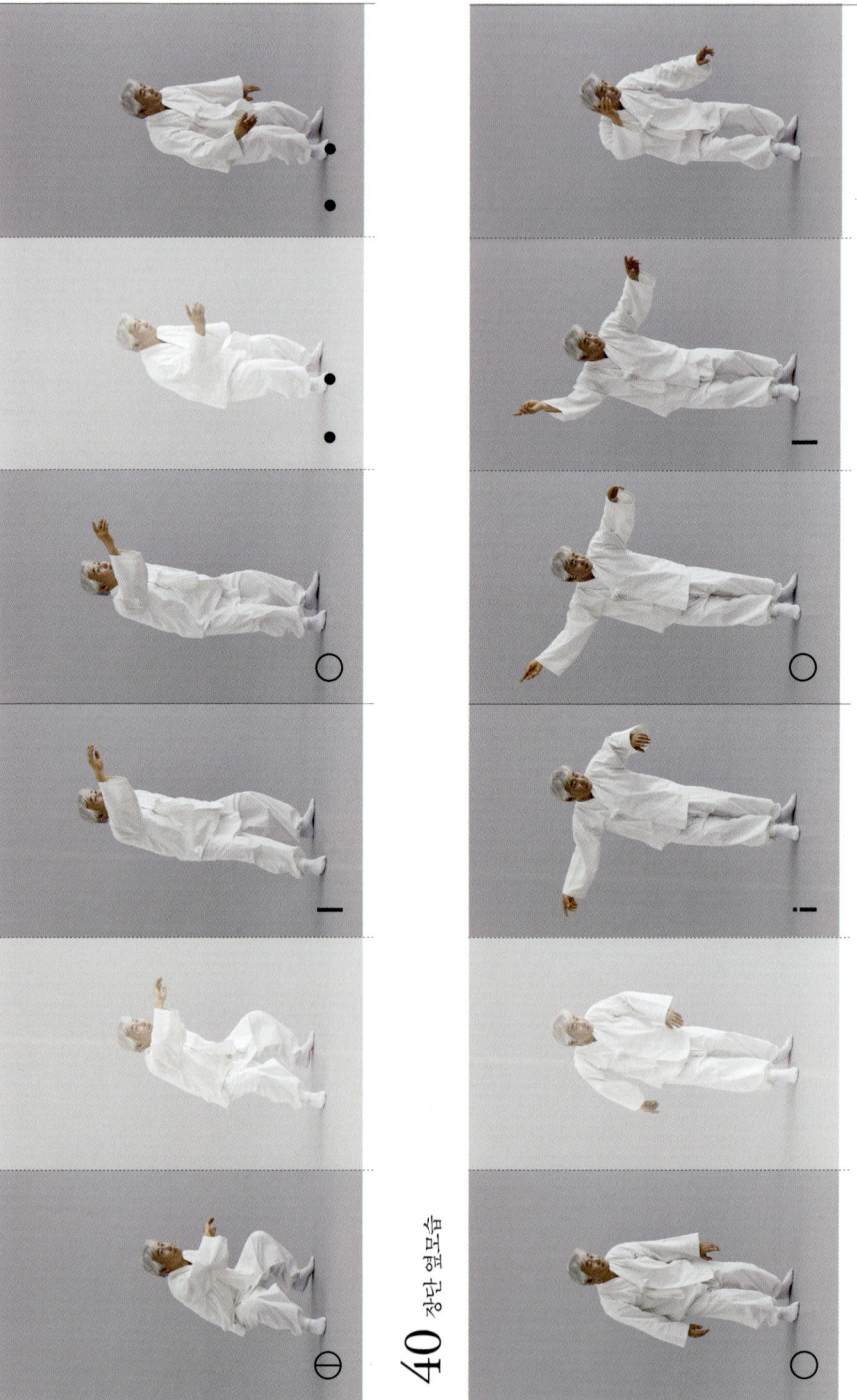

오른발을 도약하듯이 디디며 팔을 위아래로 감는다.

오른발을 도약하듯이(왼발 든음) 디디며 팔을 위아래로 감는다.

왼발을 도약하듯이(오른발 든음) 디디며 팔을 위아래로 감는다.

41 장단 2배김새

셋 마지막 박에 호흡을 쭉 끌어올리며 왼발을 들고, 오른발 든음하며 양발을 쪽 옆으로 쭉 뻗어낸다.

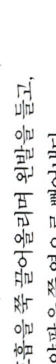

셋 시작 박에 왼발을 사선 앞으로 디디며 도약한다. 이때 팔을 돌리는 듯 하다가 호흡과 같이 위로 든다.

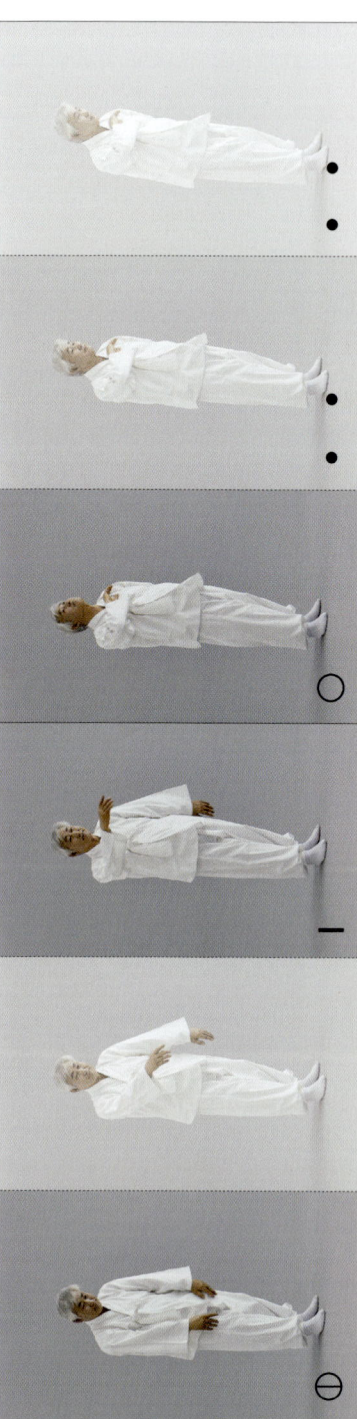

① 오른발을 땅으로 배기듯 강하게 딛고 서서 배김 동작을 한다.

② 허벅지를 두 손바닥으로 치면서 고개도 숙였다가 든다.

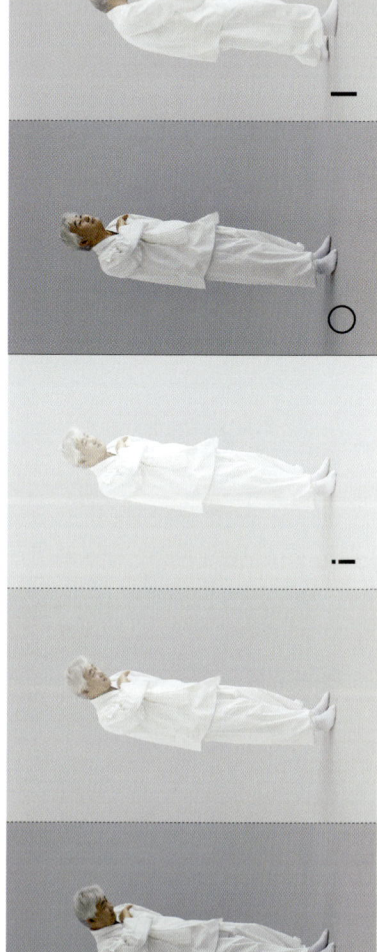

① 오른손은 가슴 앞에 붙인다. 오른팔 팔꿈치 가슴 세워서 오른손을 가슴 앞에 붙여준다. 왼손은 허리 뒤에 있다. 고갯짓을 일곱 여덟 번에 숙였다가 들어준다. 두 번째 배기는 동작이다.

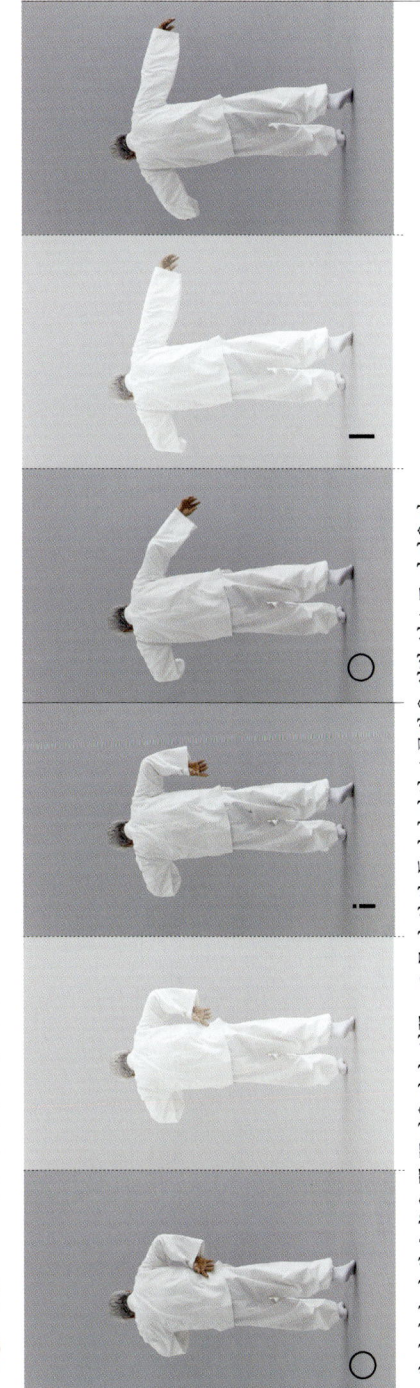

왼쪽으로 180도 돌아서 뒤를 본다. 팔동작도 반대로 비낀다. 왼손이 가슴 앞, 오른손은 허리 뒤로 감는다. 고갯짓을 하나에 숙였다가 둘에 들어준다.

43 장단

셋 마지막 박에 호흡을 쭉 끌어올리며, 왼쪽으로 몸이 상하 동하가면서 오른다리을 왼발 옆으로 가져온다. 이때 오른발이 뒤에서 앞으로 오다가 마지막에 오른쪽 아래로 사선 아래로 팔과 호흡을 빼어낸다.

43 첫 걸음

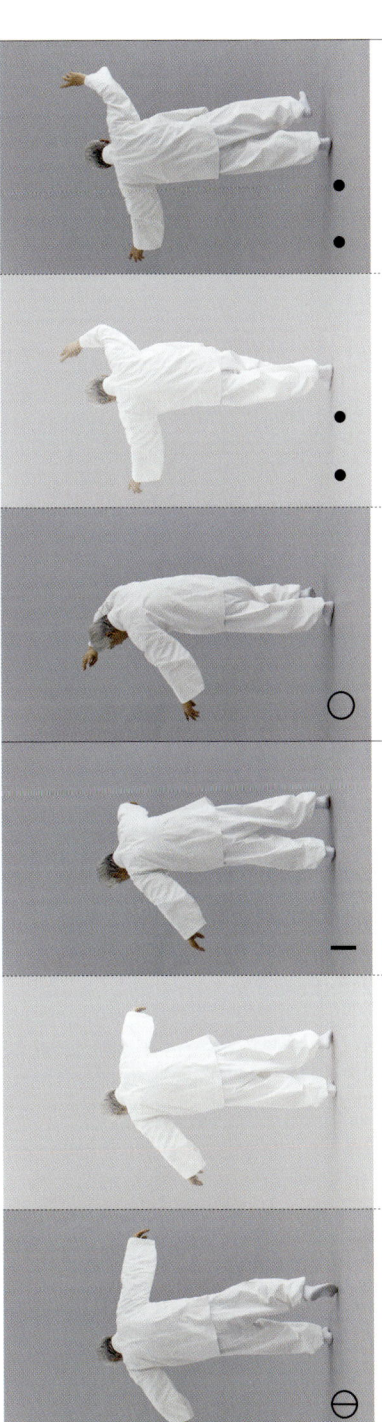
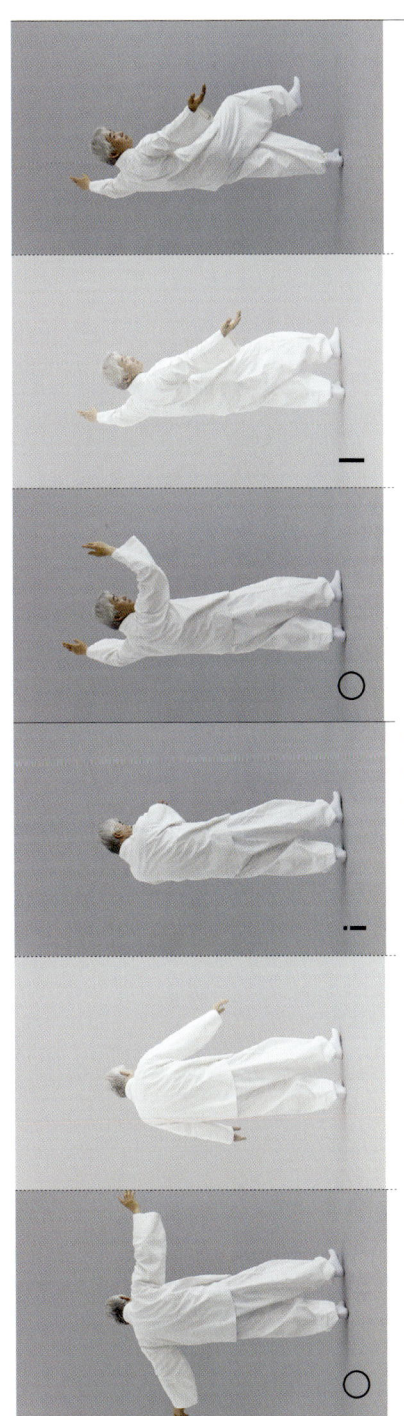

왼팔을 어깨 높이로 옆으로 뻗혀주고 오른손을 사선 아래부터 머리 위로 돌리며 올려주다가 여섯 마지막 박에 손목을 쳐준다.

오른발을 내디디며 굳신했다가 왼발을 들어줄 때 오른발 돋움하며 호흡을 들어준다.
이때 두 손은 가슴 앞에서 모으는 듯 하다가 밖으로 크게 두 손바닥을 사선으로 보이게 뻗히며 시선은 오른쪽을 향한다.

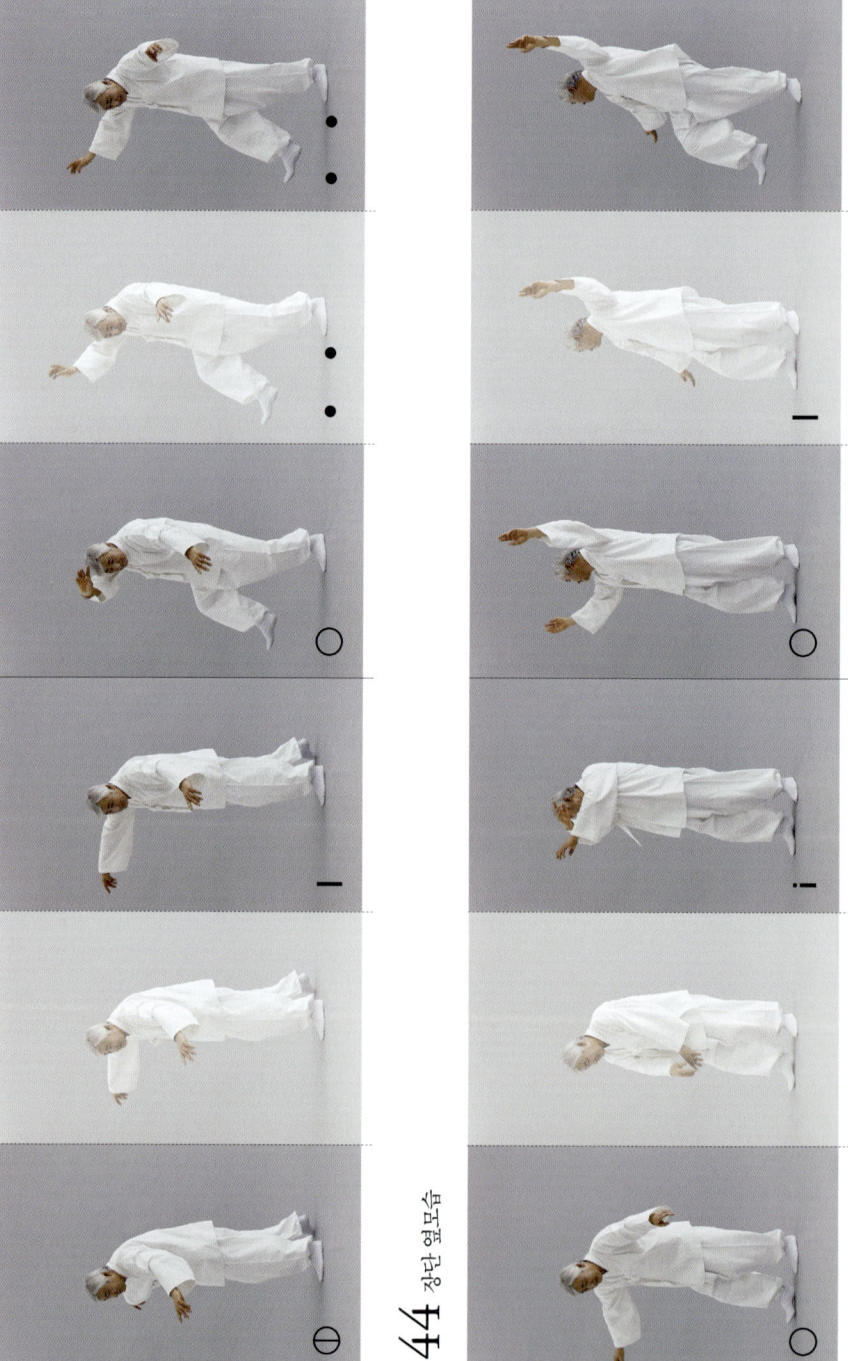

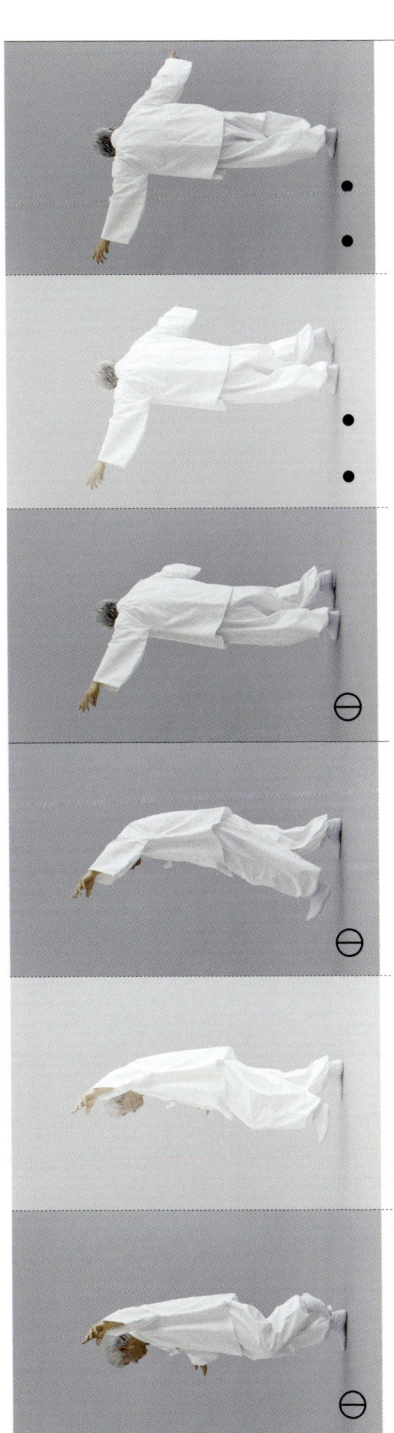

45 장단

왼팔을 사선 위로 들어준 상태에서 오른발부터 1박 1보로, 시선은 오른쪽을 향하여 작은 원을 그리듯 걷는다.

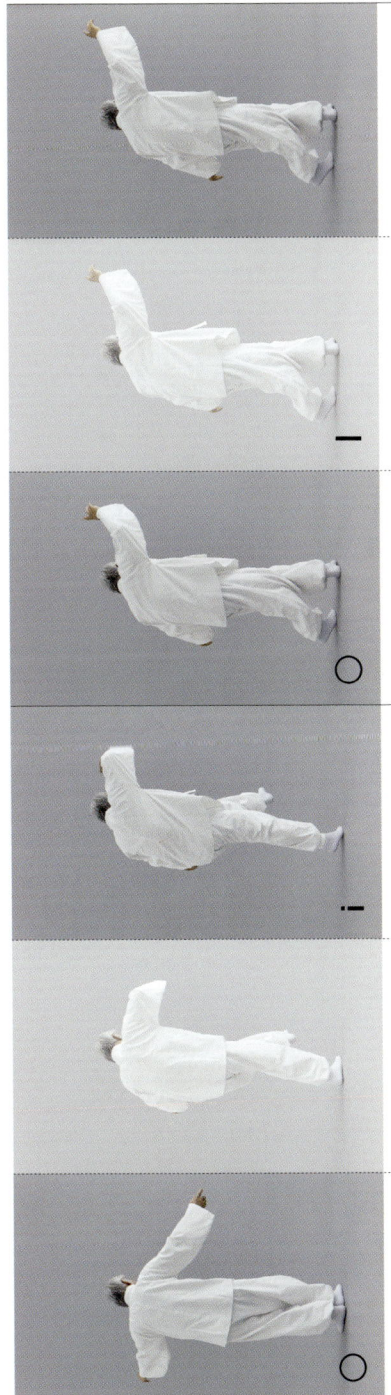

셋 마지막 박에 호흡을 쭉 끌어올리며, 오른발 도움닫기 한발뛰며 왼발을 크게 들었다가 내린다. 왼발 들 때 오른손은 머리 위에서 살짝 돌린다. (오른쪽 방향으로 제자리에서 돈다.)

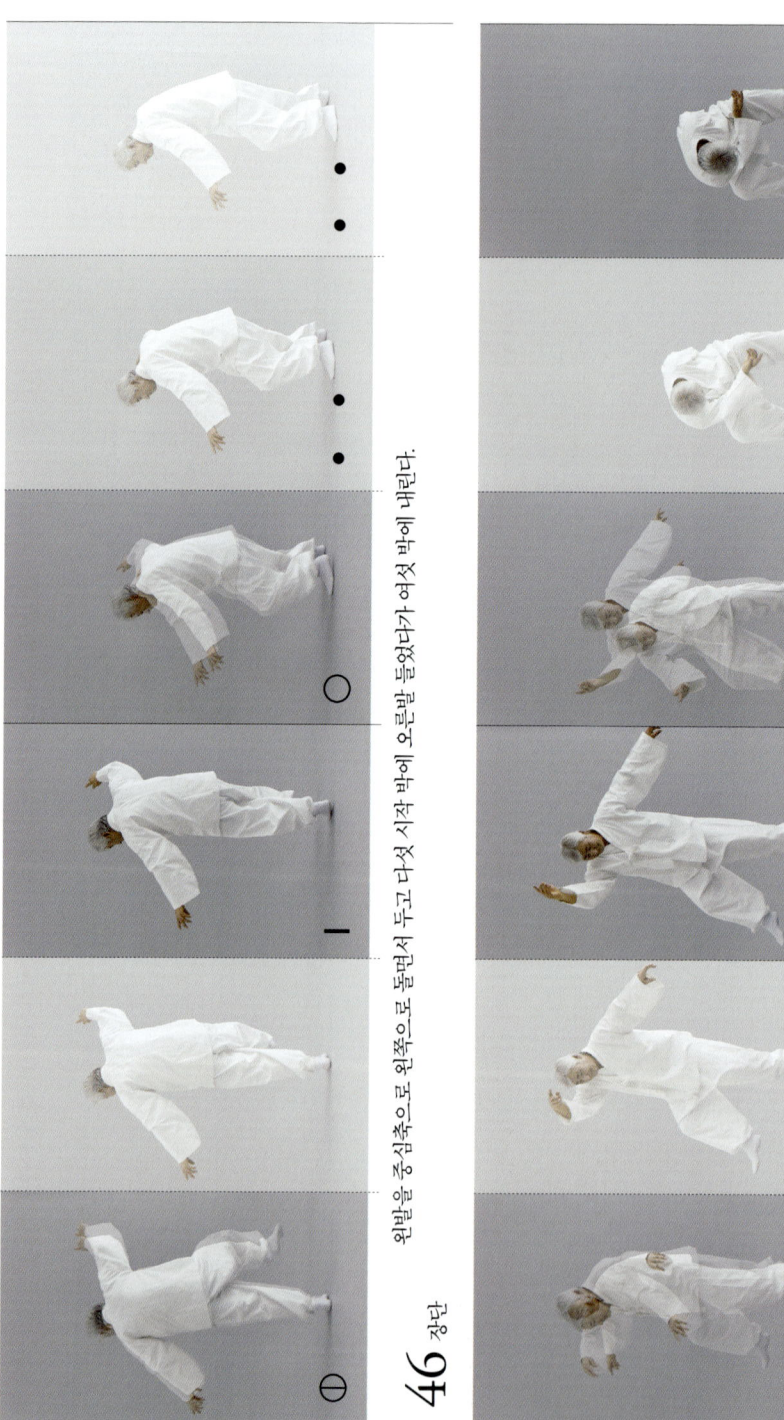

한발을 중심축으로 왼쪽으로 돌면서 두고 다섯 시작 박에 오른발 들었다가 여섯 박에 내린다.

일곱 시작 박에 오른발을 한 번 더 들고 발은 아래로 감는다.(왼손 앞에 오른손 뒤로)

46 장단

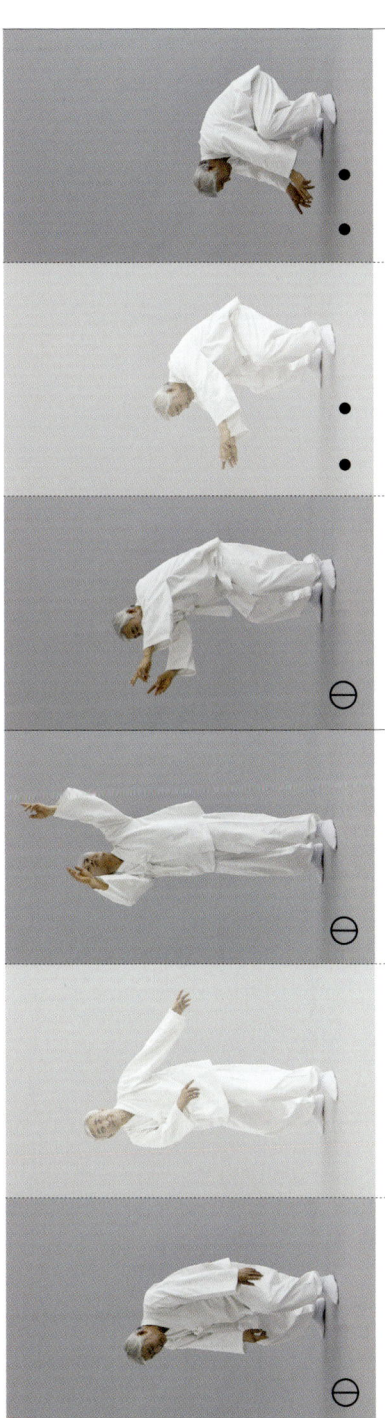

47 장단

다리 뻗리고 앉은 상태에서 두 손을 크게 밖에서 안으로 돌리며 상체와 시선이 왼쪽 위를 향하고 다시 내린다.
이때 호흡을 쭉 끌어올렸다가 내린다.

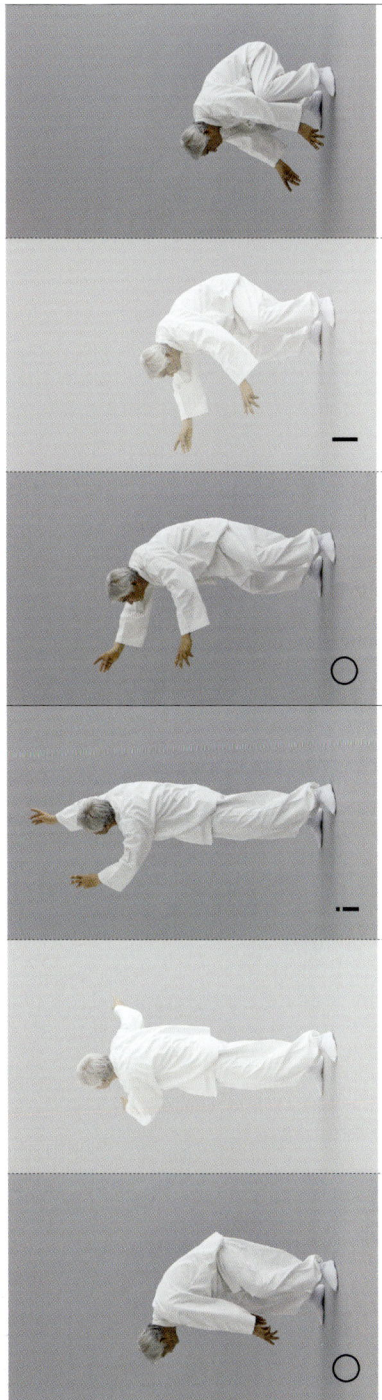

두 손을 밖에서 안으로 크게 돌리며 오른쪽 위를 향하고 다시 내린다.
이때 호흡을 쭉 끌어올렸다가 내린다.

오른쪽을 보며 오른손은 오른 귀 옆으로 갔는다.

일곱 마지막 나이에 호흡을 쭉 끊어올리며 두 발 등으로 두 발 등으로 두 손은 가슴 앞에서 위로 올렸다가 어깨 바에 운전하며 내린다.

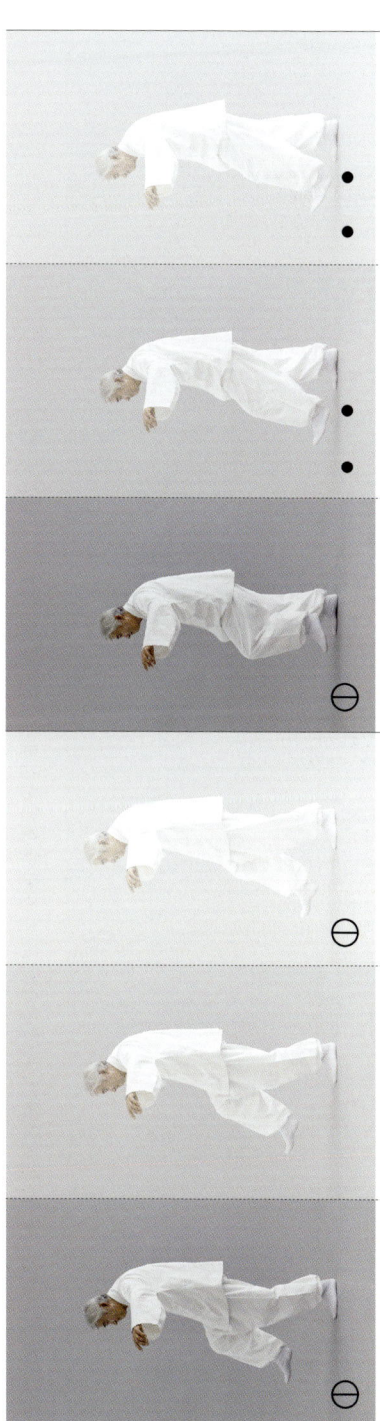
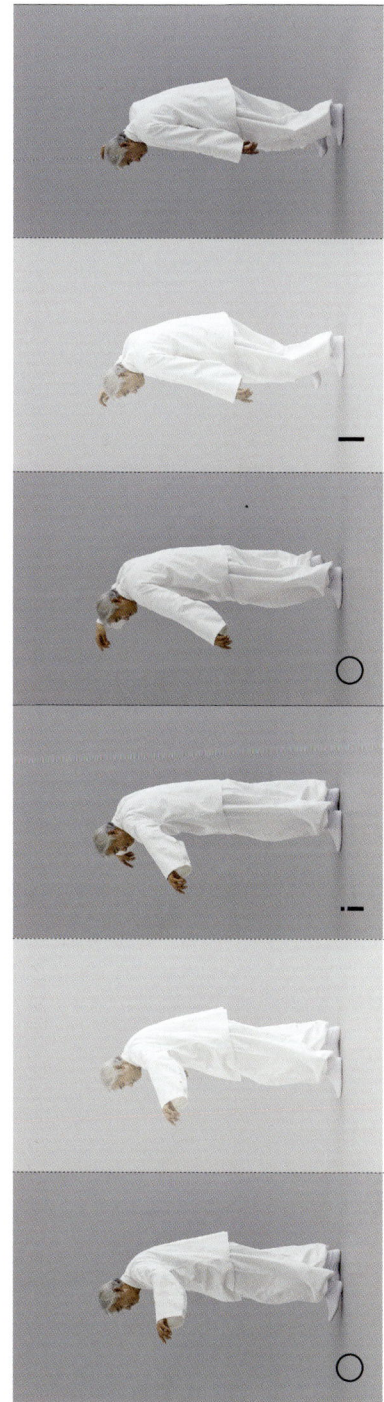

49 장단

양팔을 어깨 높이로 편 상태에서 첫 박에 오른발 들고 둘째 박에 오른발 디으며 왼발이 앞으로 나온다.(2박1보, 시계 반대 방향으로 진행)

셋 시작 박에 왼발 뒤꿈치로 찍고, 셋 마지막 박에 호흡 올리며 오른손은 배꼽으로 감고 왼손은 아래로 떨어뜨린다.

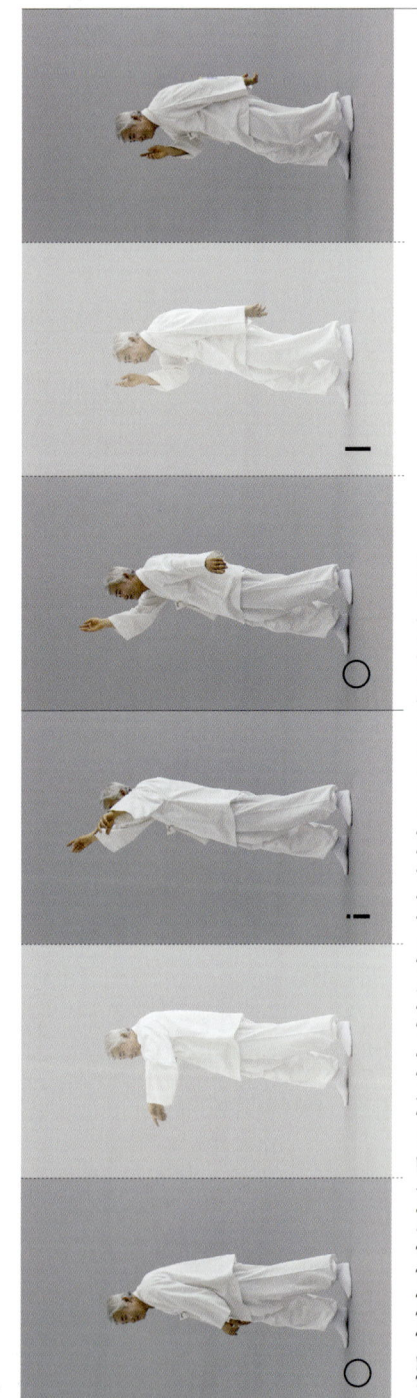

다섯 시작 박에 오른발 디디면서 도움하고, 마지막 박에 오른팔로 호흡을 드는 동시에 왼손은 머리 위로 올린다.(으시개)
여섯 마지막 박에 호흡을 내리며 왼손과 한발을 갈이 앞으로 뿌린다.

일곱 마지막 박에 호흡을 쭉 끌어올리며, 한발을 뒤로 살짝 디디며 오른손을 크게 올렸다가 내린다.

50 장단

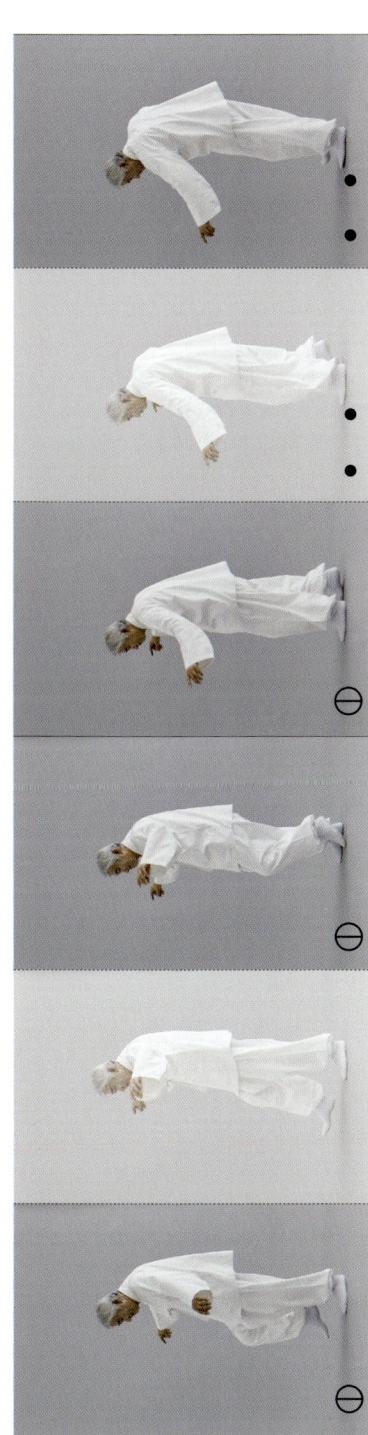

51 장단

팔을 어깨 높이로 편 상태에서 왼쪽 방향으로 돌면서 자연스럽게 왼팔이 내려가며 오른발이 올라간다. 오른발부터 1박 1보로 딛는다.

세 시작 박에 오른발을 디디며 이어 왼발을 들어준다. 세 마지막 박에 호흡으 쪽 끌어올리며 오른발 도움하고 왼발 크게 들어준다.
두 손을 오른쪽 사선 위로 보낸다.(든음세) 세 시작 박에 왼발로 디디며 중심을 옮긴다.

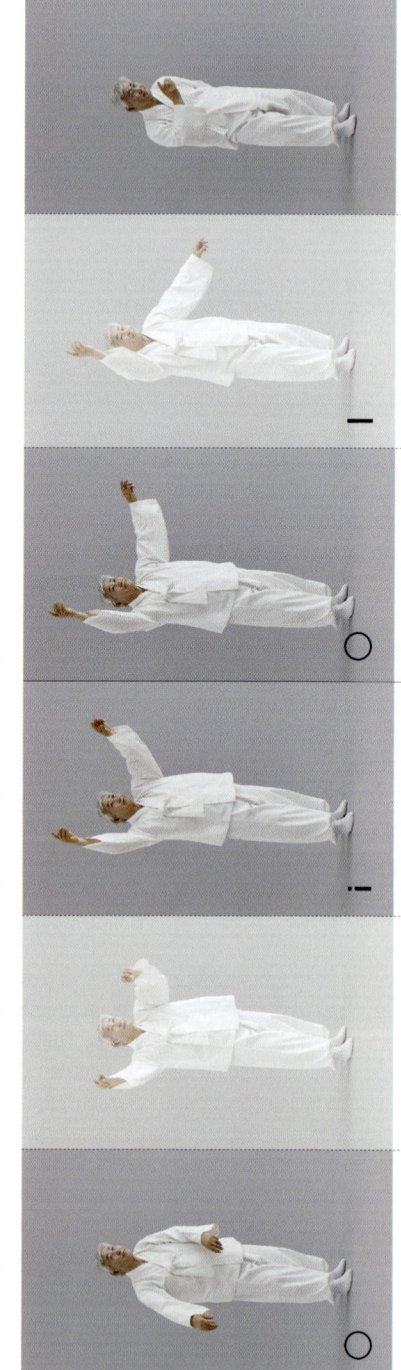

52 장단

49, 50장단(5-8)과 같은 동작이다. 진행 방향과 반대인 뒤를 보게 된다.
다섯 시작 박에 호흡을 오른발 디디며 꾹 끌어올려(으시게) 돋우었다고 여섯 마지막 박에 호흡 내리면서 왼손, 오른발을 뿌린다.

일곱 마지막 박에 호흡을 꾹 끌어올리면서 왼발을 뒤로 디디며 상체 살짝 디디며 오른팔을 크게 위로 들었다가 왼손은 허리 뒤로 감으며 오른으로 궁신한다.

53 장단 3박걸세

⊖ 오른발 도약하이굿이(왼발 돋움) 디디며 팔을 위아래로 감는다.

⊖ 왼발을 도약하이굿이(오른발 돋움) 디디며 팔을 위아래로 감는다.

○ 셋 마지막 박에 오른발 돋움하고 팔은 아래 양쪽으로 쭉 펴면서 가운을 빼어낸다.(배기기 전 동작)

○ 셋 시각 박에 왼발을 디디며 마지막 박에 도약한다.

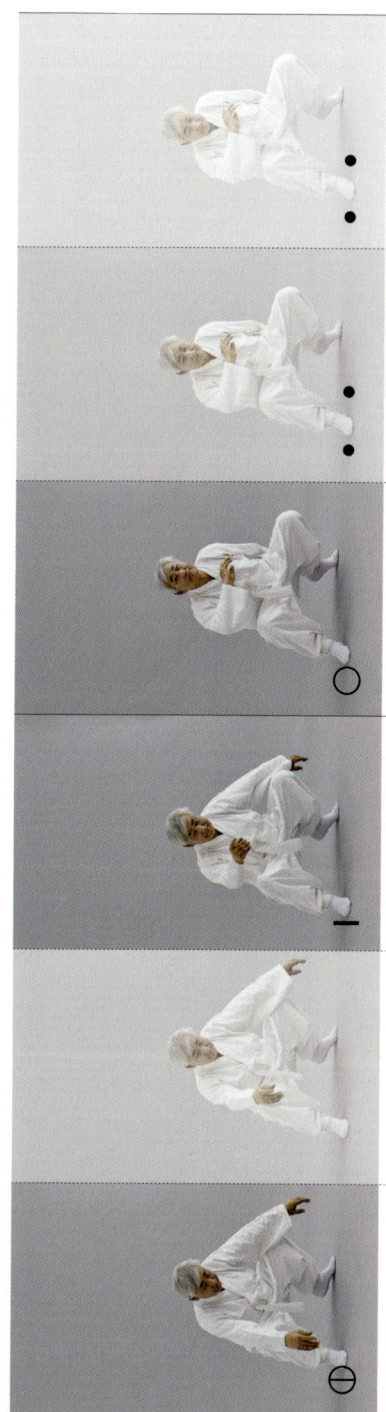

54 장단

다섯 시작 박에 무릎을 치면서 팔을 아래로 쭉 뺀다.
두 다리를 모두 굽혀 앉는다. 이때 중심은 오른발에 있다.

오른손은 가슴 앞, 왼손은 허리 뒤로 감는다.
이때 고갯짓으로 다섯 박에 숙였다가 마지막 여섯 박에 고개를 든다.

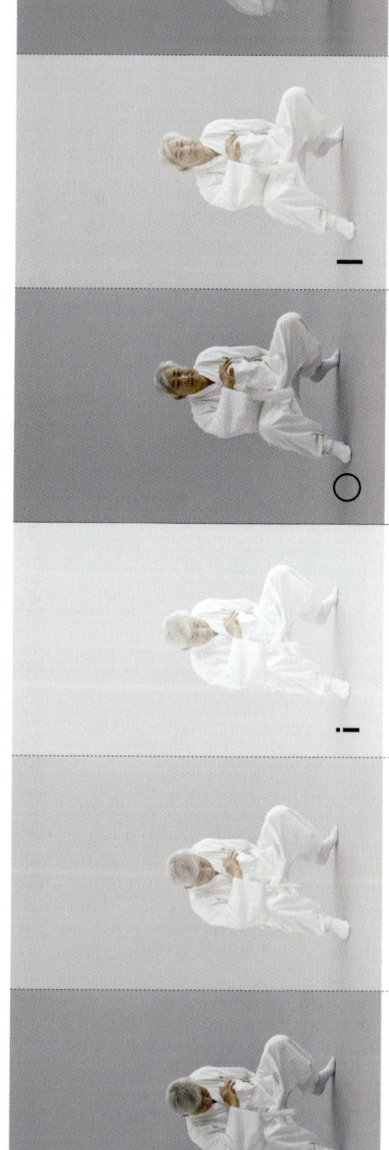

오른발 중심으로 앉은 상태에서 고갯짓으로 일곱 박에 숙였다가 여덟 박에 든다. 배김새 동작 마지막인 세 번째 배기는 동작이다.

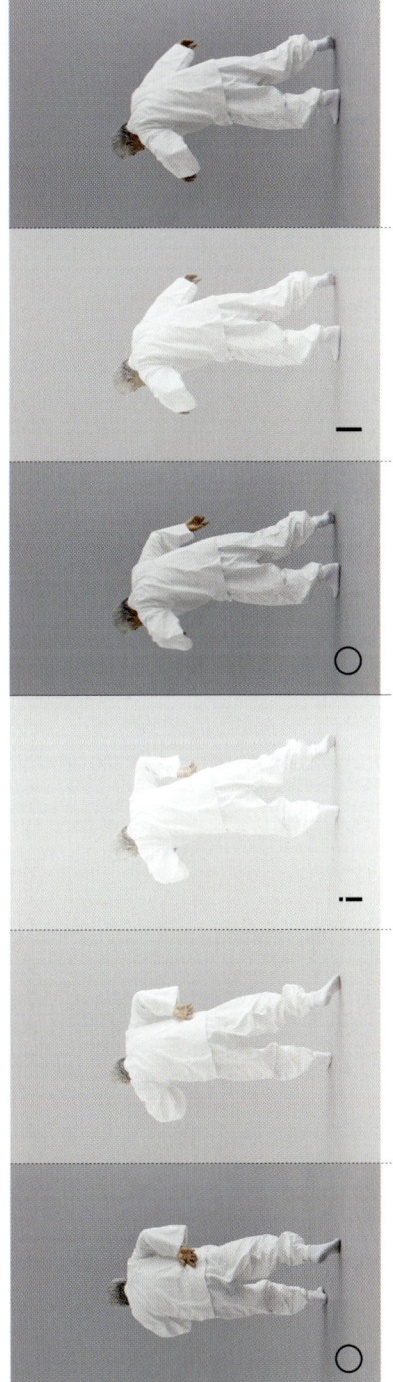

55 장단

① 왼발 중심으로 쫑을 끌어올리면서 오른발을 당겨온다. 오른발을 당겨온다. 왼팔은 앞으로 빼고 오른팔은 뒤에서 앞으로 크게 가져오며 뗀 시작 박에 힘주어 빼어낸다.

① 왼발 중심으로 숨을 배긴 상태에서 왼쪽으로 돌면서 뒤를 보고 왼발 중심으로 일어서며 고갯짓을 한다. 이때 왼손은 가슴 앞, 오른손은 허리 뒤로 둔다.

① 왼발 중심으로 배긴 상태에서 왼쪽으로 돌면서 뒤를 보고 왼발 중심으로 일어서며 고갯짓을 한다. 이때 왼손은 가슴 앞, 오른손은 허리 뒤로 둔다.

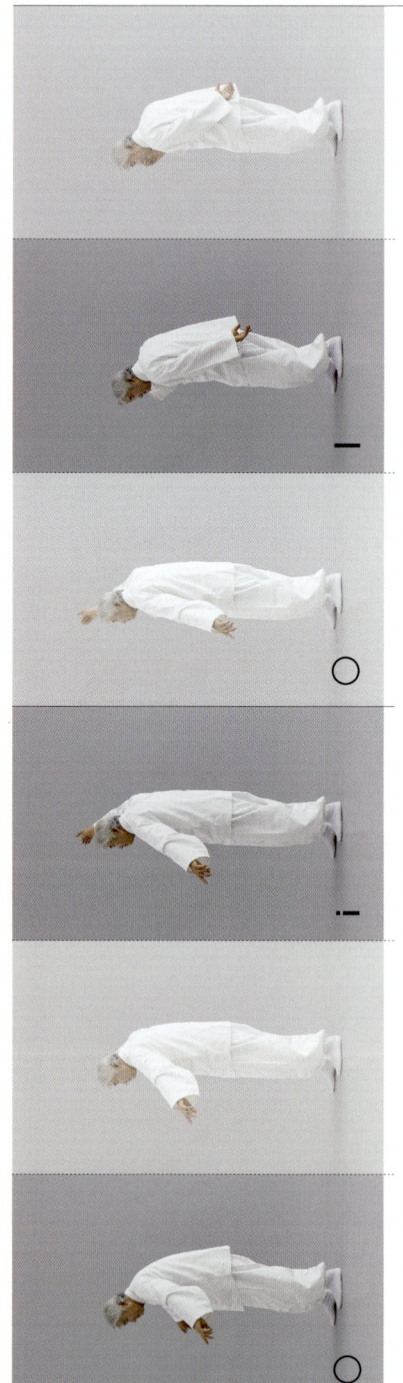

여섯 박에 왼발 중심으로 오른발 뒤꿈치를 들며 당겨온다.
오른발로 중심이 옮겨지면서 왼쪽으로 90도 돌아서 왼손은 귀 옆, 오른손은 가슴 앞으로 살짝 감아준다.

일곱 박에 호흡 올리며 중심을 왼발로 바꾸고 오른발로 180도 돌면서 왼손은 허리 뒤, 오른손은 귀 옆으로 감으며 운신한다. 여덟 박에 호흡을 내린다.

56 장단

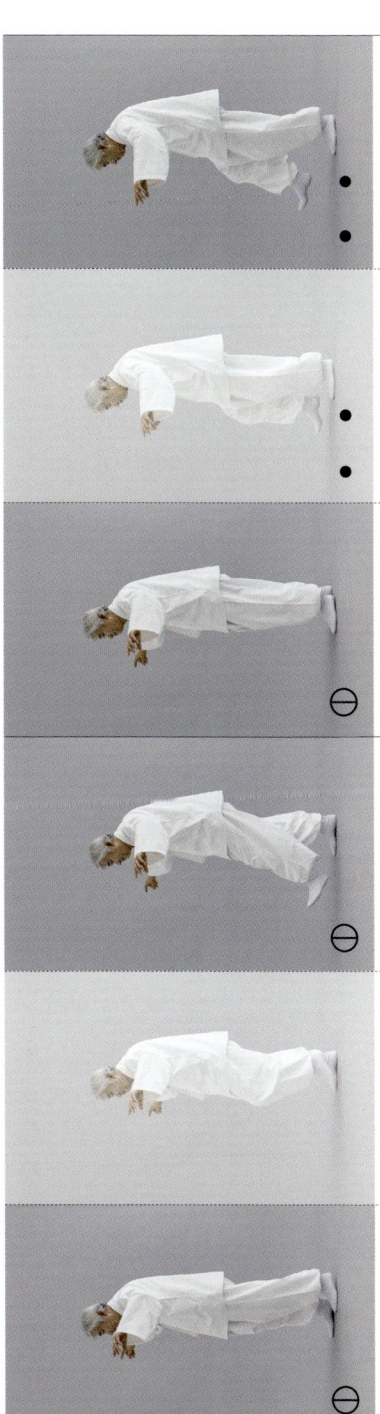

57 장단

진행 방향으로 오른발부터 한 발씩 딛는다. 군무로 출 경우에는 세 번째 배김(53 장단) 들어오기 전 자리로 이동한다.

셋 마지막 박에 호흡을 쭉 품어올리면서 오른발 듬움아에 왼발을 높이 들고 양손은 왼쪽 사선 방향으로 든다. 이때 시선은 오른쪽 아래로 향한다.

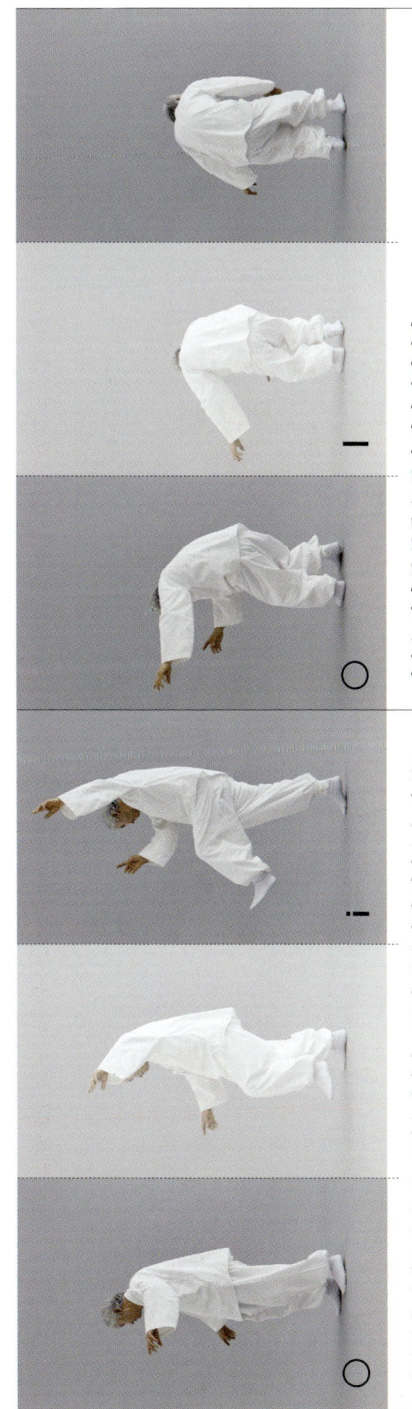

왼발을 내려 두 무릎을 굽혀 깊게 앉았다가, 오른쪽으로 180도 돌면서 뒤를 보게 된다.

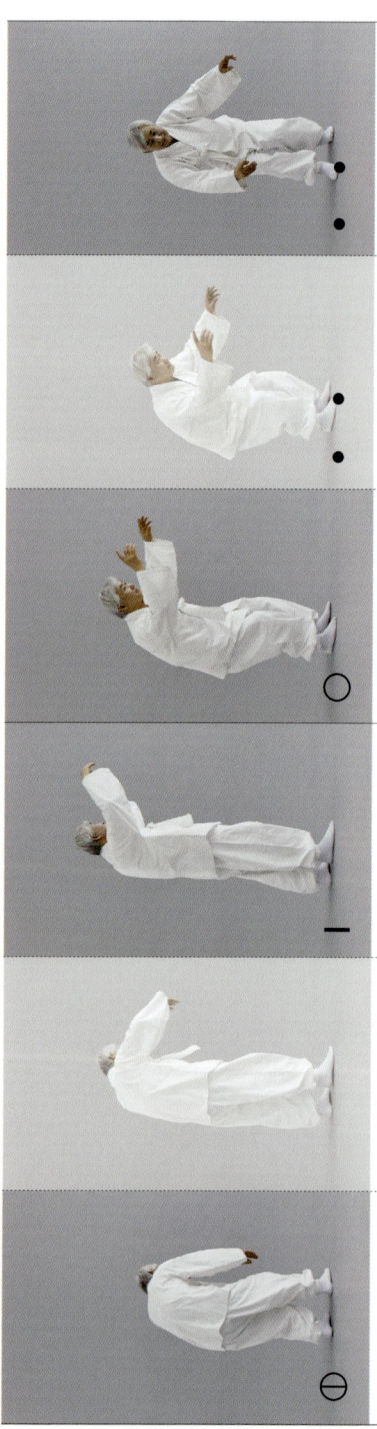
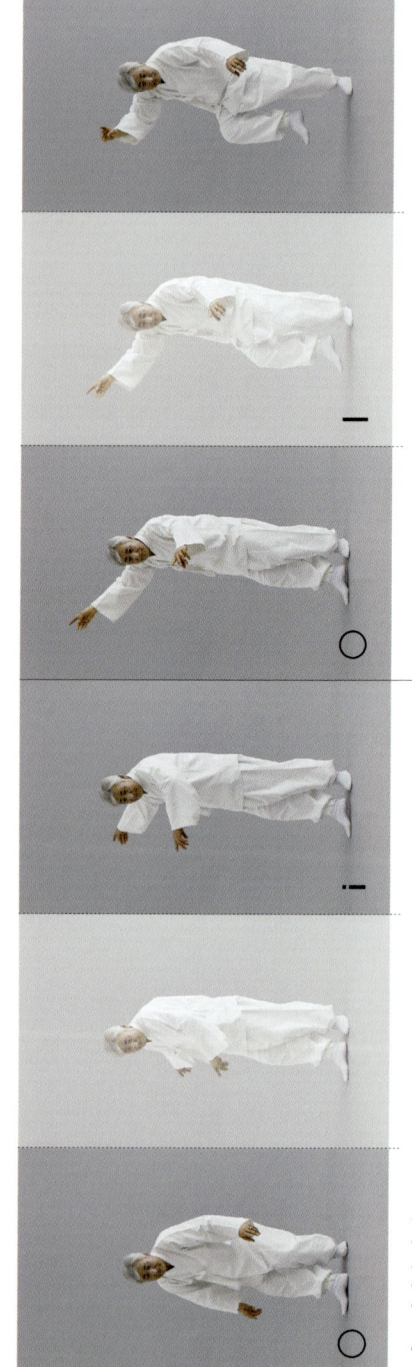

다섯 바에 호흡을 올리며, 몸을 서서히 일으키면서 두 손을 얼굴 가까이에서 모으고 여섯 바에 얼굴 앞을 보며 두 팔을 아래로 내린다.

일곱 마지막 바에 호흡을 올려주며, 왼발로 중심을 옮긴다.

여덟 시작 바에 오른발을 들어주며 왼손은 가슴 앞에서 쭉 뻗어주고 오른손은 머리 위에서 크게 펼쳤다가 굴신하며 춤을 맺는다.(오금새)

58 장단

초판 인쇄	2021년 3월 25일
초판 발행	2021년 4월 5일
펴낸이	진옥섭
펴낸곳	도서출판 문보재
	06153 서울특별시 강남구 봉은사로 406 한국문화재재단
	02) 566-6300
등록번호	제2-183호 1980. 10. 31.
홈페이지	www.chf.or.kr
총괄진행	김정규
저자	방영선, 성지혜
본문사진	박상윤, 이한구
무보사진	이진환(라운드테이블 이미지컴퍼니)
디자인	아네스박
인쇄제작	디자인필

값 : 17,000원

ISBN 979-11-972851-3-4
ISBN 979-11-972851-2-7 (세트)

ⓒ 한국문화재재단(Korea Cultural Heritage Foundation)

* 이 책은 (사)대산신용호기념사업회의 기부금으로 제작되었습니다.